Klaus Weise

Wir vom Jahrgang 1933

Kindheit und Jugend

Impressum

Bildnachweis:

Umschlag: Jochen Müller (oben, hinten), Elsbeth Rengshausen (unten);
Elsbeth Rengshausen, Einbeck: S. 5, 6, 8, 10, 12, 14 l./r., 30, 37, 48, 52, 57 u., 59, 60 r.; Hilde + Erwin Schäfer: S. 7; Jochen Müller: S. 15, 17, 22, 23 r.; Ernst Friedrich, Melsungen: S. 18;
Aus „Deutsches Lesebuch für Volksschulen“: S. 21; Archiv Klaus Meier-Ude: S. 23 l.; Stadtarchiv Bielefeld: S. 24 o./u., 32, 38, 50; Willi Bäcker: S. 27; Gebr. Märklin & Cie GmbH: S. 29 r.; Anker Steinbaukasten GmbH: S. 29 l.; Archiv Eugen Sauter: S. 31; Archiv der Hannoverschen Allgemeinen Zeitung: S. 36 l.; Hans-Jörg Kühne: S. 36 r.; Georg Friedrich Reim, Homberg: S. 39, 44; Sudetendeutsches Bildarchiv: S. 40 u.; Jacob Weiler, Bad Hönningen: S. 43; Herbert Grohe, Hannover: S. 45, Institut für Stadtgeschichte, Frankfurt a.M., Fred Kochmann: S. 46; Kulturgeschichtliches Museum Osnabrück, Christian Grovermann, Osnabrück: S. 51 u.; Kulturgeschichtliches Museum Osnabrück: S. 53 r.; Staatsarchiv Hamburg: S. 53 l., 54; Sächsische Landesbibliothek, Staats- und Universitätsbibliothek, Dresden, Abt. Deutsche Fotothek: S. 56 u.; Archiv der deutschen Jugendbewegung Burg Ludwigstein, Witzenhausen: S. 57 o.;
ullstein bild – Herbert Hoffmann: S. 9; ullstein bild – BPA: S. 11 l.; ullstein bild – Purschke: S. 11 r.; ullstein bild – ullstein bild: S. 16, 47, 63; ullstein bild – Archiv Gerstenberg: S. 19, 28; ullstein bild – Schnellbacher: S. 25, ullstein bild – Jeschke: S. 35; ullstein bild – AKG: S. 40 o.; ullstein bild – dpa: S. 42, 51 o., 56 o.; ullstein bild – Specialpress: S. 55; ullstein bild – United Archives/90061: S. 58 o.; ullstein bild –Granger, NYC: S. 58 u.; ullstein bild – Oscar Poss: S. 60 l.; ullstein bild – Badekow: S. 61; picture-alliance/akg-images: S. 26, 33, 41;

Wir danken allen Lizenzträgern für die freundliche Abdruckgenehmigung.
In Fällen, in denen es nicht gelang, Rechtsinhaber an Abbildungen zu ermitteln, bleiben Honoraransprüche gewahrt.

15. Auflage 2022

Gestaltung und Satz: r2 | Ravenstein, Verden
Druck: Druck- und Verlagshaus Thiele & Schwarz GmbH, Kassel
Buchbinderische Verarbeitung: Buchbinderei S. R. Büge, Celle

34281 Gudensberg-Gleichen • Im Wiesental 1
Telefon: 056 03/9 30 50 • www.wartberg-verlag.de
ISBN: 978-3-8313-3033-1

Liebe 33er!

Unser Leben begann in friedlichen Zeiten, wenn sich auch die schrecklichen Ereignisse schon ankündigten. Im Jahr unserer Geburt hatte Hitler die Macht ergriffen, und unsere Umgebung hatte dieses Ereignis bejubelt und gefeiert. Nicht alle, gewiss, aber die meisten Menschen im Lande hatten das „Dritte Reich" begrüßt als eine Erlösung von den Ungewissheiten der vorangegangenen Jahre. Sie wollten, dass es ihnen besser ginge, und das versprachen die Nazis ihnen auch. Wir wuchsen in eine sich von der übrigen Welt zunehmend isolierende Gesellschaft hinein und wurden fokussiert auf eine Ideologie des Verderbens. Unser Bewusstsein wurde durch fortwährende Propaganda schon in den ersten Jahren unseres Lebens durch Rassismus und unsägliche Vorurteile geprägt. Wir waren verplant als Teil für eine riesige Kampfmaschine gegen die Menschlichkeit. Und wir kämpften bereits mit Worten und am Ende sogar mit Waffen. Natürlich haben wir selbst das alles nicht durchschauen können, haben unsere Kindheit gelebt und genossen, im Vertrauen auf die, die schon da waren und die Welt so regierten, wie wir annehmen mussten, dass es schon richtig sei. Wir vertrauten auch auf unsere Eltern, die wiederum denen vertrauten, die vorgaben, sie in eine grandiose, deutsche Zukunft zu führen.

Wer von uns überlebt hat, stand mit zwölf Jahren in den Trümmern zerstörter Städte, hatte vielfach den Vater verloren oder gar die ganze Familie, hatte in Feuerstürmen und in Flüchtlingsströmen den Tod gesehen. Beladen mit diesen Erlebnissen brachen wir jung auf in eine neue Zeit. Und die hat uns zwar für vieles entschädigt, aber unsere Verletzungen nie endgültig heilen können. Irgendwann konnten wir uns wieder satt essen, erlernten wir einen Beruf, erhielten einen immer besser bezahlten Arbeitsplatz, konnten ein Haus bauen, ein Auto kaufen und in alle Welt reisen. Unsere Rente war gesichert und es ging uns gut.

Dieses Buch wirft Schlaglichter auf die ersten achtzehn Jahre unseres Lebens. Die meisten werden sich darin wiederfinden.

Klaus Weise

Klaus Weise

Vom **Strampeln** zum **Aufstehen**

Das Baby schlechthin

Wir sahen aus wie alle anderen Babys auch. Trotzdem waren die Eltern fest davon überzeugt, wir seien das schönste Baby der Welt. Wir lernten schnell durch Lächeln und Quieken die freundliche Aufmerksamkeit von Mutter und anderen Gestalten, die um uns herum aufgetaucht waren, auf uns zu lenken, und auch, wie wir durch Schreien meist erfolgreich unseren Unmut kundtun konnten. Wir lagen in Wiegen, Korbbettchen mit Rollen oder Kinderwagen, auf weichen Kissen, gekleidet in Hellblau, wenn wir Jungen, in Rosa, wenn wir Mädchen waren. Gewickelt waren wir in weiße Windeln und in die durften wir ungestraft pinkeln und kacken. Das wurde sogar von uns erwartet. Genauso wie einige Zeit später auf dem Töpfchen, auf dessen Inhalt als eigene Kreation wir so stolz waren, dass wir ausprobierten, wie er schmeckte. Was sofort

Chronik

30. Januar 1933
Adolf Hitler wird zum Reichskanzler ernannt. Das „Dritte Reich“ wird begründet.

27. Februar 1933
Das Reichstagsgebäude wird in Brand gesteckt. Der Holländer van der Lubbe wird verhaftet, angeklagt, verurteilt und wenig später hingerichtet.

20. März 1933
Das KZ Dachau nimmt den Betrieb auf. Systemgegner werden sofort eingeliefert.

1. April 1933
Die Nationalsozialisten organisieren den Boykott jüdischer Geschäfte, Anwaltskanzleien und Arztpraxen.

10. Mai 1933
Erste Bücherverbrennung in Berlin („Undeutsches Schrifttum“).

1. Januar 1934
Das „Gesetz zur Verhütung erbkranken Nachwuchses“ tritt in Kraft.

10. Juni 1934
Gastgeber Italien gewinnt die Fußballweltmeisterschaft vor der Tschechoslowakei, Deutschland und Österreich.

28. September 1934
Die französische Schauspielerin Brigitte Bardot wird geboren.

8. Januar 1935
Elvis Presley wird geboren.

22. März 1935
Erste Ausstrahlung einer Fernsehsendung in Deutschland.

19. Mai 1935
Das erste Teilstück der Reichsautobahn von Frankfurt nach Darmstadt wird für den Verkehr freigegeben.

15. September 1935
Die „Nürnberger Rassengesetze“ werden verabschiedet.

21. Dezember 1935
Der Dichter und Publizist Kurt Tucholsky nimmt sich das Leben.

Ab jetzt gehören wir dazu

verboten wurde, wie vieles andere später auch! Dann lernten wir noch, die Menschen um uns herum auseinanderzuhalten, indem wir uns den Klang ihrer Namen merkten, den wir dann ganz nach unseren eigenen Möglichkeiten nachtönten – was kaum jemand verstand.

Die allgemeinen Beschäftigungen des Lebens

Vater kam abends von der Arbeit zurück. Mutter hatte tagsüber für uns gekocht und den Haushalt besorgt. Sie ging zur Friseuse, weil man dort alle Neuigkeiten erfuhr und Frau Dammelmann und andere Damen traf, mit denen man über die neueste Mode sprechen konnte, über die Kinder und das, was der „Führer" so alles tat für die Leute. Abends ging man spazieren, hörte Radio, empfing Besuch oder besuchte jemanden. Samstags ging Vater zum Friseur, traf dort Herrn Klein, der die wichtigsten Neuigkeiten verbreitete und schon wusste, dass es unweigerlich zum Krieg kommen müsse. Auf dem Land ging es abwechslungsreicher zu. Vater war auf den Feldern, Mutter für das Haus zuständig und gelegentlich auch für den Stall. Da waren Hühner, Enten, Schweinchen, Katzen und Hunde, so groß wie wir selber, und die großen Tiere wie Pferde und Kühe. Da konnten wir krabbeln und bald laufen, da war Platz. Außer Vater, Mutter und Geschwistern lebten auch noch Oma, Opa, Tanten und Onkels auf dem Hof oder direkt nebenan, und auch sie hatten ständig etwas zu tun. Und deshalb waren wir viel uns selbst überlassen. Wir konnten in Ruhe zusehen, was sie taten und schon bald hier und da sogar unsere Hilfe anbieten. In den ersten drei Jahren waren auch wir stark beschäftigt. Im Zentrum stand das Respektieren von kleineren und größeren Tatbeständen, etwa, dass der Herd heiß ist und man sich daran verbrennen und sich mit einem blanken Messer den Finger

Wir brauchen Oma,
und Oma braucht uns

Fresst, damit ihr so groß werdet wie ich

abschneiden kann. Und wir beobachteten, wie Mutter Holz und Kohle in den Ofen legte, Vater Scheiben vom Brot abschnitt, manchmal nicht ohne vorher auf die Unterseite des Laibes mit dem Messer ein Kreuz zu ritzen, Großmutter eine kleine Holzkiste mit einer Kurbel zwischen den Knien hielt und daran so lange drehte, bis die Kaffeebohnen zu Staub gemahlen in ein Schublädchen unten in der Kiste rieselten. Wir lernten, dass bestimmte Früchte, etwa die gute Kirsche und die Zwetschge innen Kerne hatten, die wir auf keinen Fall runterschlucken durften. Und dass die Wespe sticht.

Wir freuten uns, wenn Mutter uns die Windeln abnahm, was uns ein Gefühl absoluter Freiheit vermittelte. So wuchsen wir von Tag zu Tag und wurden immer älter!

Die Welt draußen

Die Welt außerhalb unserer Windeln und Laufställchen bestand aus Hof, Garten und einem vagen Gefühl von Straße, wenn wir „ausgefahren" wurden. Dann sahen wir aus unseren Kinderwagen eher die oberen Teile von Häuserfassaden, Baumwipfeln und Wolken am Himmel. Manchmal beugte sich ein Gesicht über uns, aus dem merkwürdige Töne kamen, so wie „ei, ei, ei" oder „nu, nu, nu" oder so was Ähnliches. Und dabei wurden Grimassen geschnitten, die uns mehr Furcht als Freude bereiteten.

Mehr sahen wir, als wir im „Sportwagen" sitzen durften. Der war das Cabriolet unserer Kinderwagen und ermöglichte uns einen Panoramablick. Und so stellten wir beim Anblick des ersten Autos erstaunt fest, dass diese seltsamen Gehäuse mit Rädern und Fenstern von selbst fuhren. Hatten wir doch bisher die Erfahrung gemacht, dass sich nur das bewegt, was geschoben, gerollt oder gezogen wird. Ohne fremde Hilfe bewegte sich nur etwas, wenn es herunterfiel.

Und was wird sein, wenn's regnet?

Wir und die „Neue Welt“

Was wir nicht wissen konnten, war, dass man um uns herum damit beschäftigt war, die Welt nach dem Willen eines „Führers“ straff zu organisieren. Später erfuhren wir, dass alles am 30. Januar unseres Geburtsjahres begonnen hatte, als der „Führer“ die „Macht ergriffen“ habe, und alles anders geworden war, so wie der „Führer“ es gewollt habe.

Vater hatte nach langer Arbeitslosigkeit endlich eine Stelle, nicht selten beim „Reichsarbeitsdienst“, in einer Dienststelle der „SS“ oder „SA“, in der Rüstungsindustrie oder beim Bau der Reichsautobahn bekommen. Er war auch inzwischen Mitglied in der Partei des „Führers“ geworden. Es ging uns soweit ganz gut.

Und wir ahnten natürlich nicht, dass uns der „Führer“ und seine uniformierten Statthalter in unserem Ort oder Stadtteil schon längst als künftiges Kanonenfutter oder Gebärmaschinen für seine großen Expansionsphantasien eingeplant hatten.

Juden, Gewerkschafter, Sozialdemokraten und Kommunisten saßen bereits in KZs oder Gefängnissen, wurden gequält, entwürdigt und getötet. Viele Väter und Mütter wussten das alles. Die einen taten nichts dagegen, weil sie es im Prinzip für richtig hielten, was da geschah. Andere wurden schweigsam, hatten Angst und zogen sich zurück. Wenige leisteten Widerstand und verschwanden für immer.

Die Welt wird aufrecht und gerade

Unser Laufstall war längst verstaut. Nicht so weit weg, denn es könnte ja im nächsten Jahr ein Brüderchen oder Schwesterchen kommen. Oder er war gerade wieder in Betrieb. Jedenfalls saßen wir mit den Erwachsenen inzwischen „bei Tische“. Und nachdem wir ständig ermahnt worden waren, aufrecht und gerade zu stehen und zu laufen, wurden wir nunmehr angehalten, gerade zu sitzen. Vater hatte sogar eine Bauchbinde, die er anlegte, um eine gerade Haltung zu wahren. Mutters Korsett diente ebensolchem Zweck. Noch wurde

Irgendwas ist schlecht gelaufen

hier und da vor dem Essen gebetet und nicht selten wurde der „Führer“ in die Gebete eingeschlossen. An der Wand über dem Tisch hing sein Bild, das in keinem Haushalt fehlen durfte, und oft genug stand auf einem kleinen Regal in der Ecke eine Muttergottesfigur mit dem Jesuskind auf dem Arm und einer brennenden Kerze zu Füßen. So war unsere Welt in Ordnung und gerade.
„Brust raus!“ hieß die Parole fortan. Irgendwie hatten sie es mit der Brust. Und uns schien das vielleicht auch ganz sinnfällig. In einer weitgehend uniformierten Gesellschaft spielt sich auf der Brust das meiste ab. Da gibt es geheimnisvolle, aufgenähte, meist verschlossene Taschen mit silbrigen oder goldschimmernden Knöpfen. Daran hängen allerlei Orden und Abzeichen. Die Brust wird durch eine Knopfreihe von oben nach unten geteilt, durch einen Schulterriemen quer umspannt und durch ein umgeschnalltes Koppel nach unten abgegrenzt, denn da beginnt der Bauch, und der musste drin sein. Verziert wird sie dazu noch durch bunte Schnüre, die an den Achselklappen auf den Schultern befestigt sind. Solch ein Spektakel käme schließlich nicht zur Geltung, würde man mit vorgeschobenem Bauch und zurückgenommener Brust einherwandeln. Ganz abgesehen davon führt „Brust raus“ zu einer herrischen Haltung, und die brauchten wir für die Zukunft, wenn wir die Welt beherrschen wollten. Schließlich ist Haltung wichtig für die Einschüchterung anderer mit Hängebauch und Hängeschultern. Außerdem ist die Brust an sich stolz. Wir sollten lernen, alles mit „stolzer Brust“ zu tun und aus „voller Brust“ zu singen. Und selbst der Onkel sagte gelegentlich: „Junge, Brust raus!!!“

Prominente 33er

3. Jan. **Maxie Wander**
(Fotografin, Journalistin, Drehbuchautorin)

5. Jan. **Dalida**
(Sängerin)

6. Jan. **Emil Steinberger**
(Schweizer Kabarettist, Schriftsteller, Schauspieler, Regisseur)

29. Jan. **Sacha Distel**
(französischer Chansonnier und Komponist)

13. Feb. **Kim Novak**
(US-amerikanische Filmschauspielerin)

7. März **Hannelore Kohl**
(Frau des ehemaligen deutschen Bundeskanzlers Helmut Kohl)

14. März **Michael Caine**
(britischer Schauspieler)

9. April **Jean-Paul Belmondo**
(französischer Film- und Theaterschauspieler)

24. April **Helmuth Lohner**
(österreichischer Schauspieler, Regisseur)

23. Mai **Joan Collins**
(britische Schauspielerin)

26. Juni **Claudio Abbado**
(italienischer Dirigent)

16. Juli **Heinz Dürr**
(deutscher Unternehmer und Manager)

16. Aug. **Reiner Kunze**
(deutscher Schriftsteller)

18. Aug. **Roman Polanski**
(polnischer Filmregisseur und Schauspieler)

26. Aug. **Rainer Erler**
(deutscher Autor, Regisseur und Filmproduzent)

25. Sep. **Maxl Graf**
(Volksschauspieler)

13. Nov. **Peter Härtling**
(deutscher Schriftsteller)

4. Dez. **Horst Buchholz**
(deutscher Schauspieler)

Hannelore Kohl

Jean-Paul Belmondo

Raus aus dem Laufstall! Aber wohin?

Das ist nur der Anfang ...

Türme und Trümmer

Unzählige Male hatten uns Väter, Mütter, Brüder, Schwestern und andere wichtige Personen erklärt und gezeigt, was man mit den uns geschenkten Bauklötzchen alles machen kann. Aber konnten wir mit drei oder vier Jahren wissen, wie genau eine Brücke aussah, ein Turm, ein richtiges Haus oder gar eine Kathedrale?

Chronik

6. bis 16. Februar 1936
In Garmisch-Partenkirchen finden die Olympischen Winterspiele statt.

17. Juli 1936
In Spanien beginnt der Bürgerkrieg unter Franco.

1. August 1936
Die XI. Olympischen Spiele finden in Berlin statt. Deutsche Juden sind von der Teilnahme ausgeschlossen.

10. Dezember 1936
Der britische König Edward VIII. tritt ab. Nachfolger wird George VI.

26. April 1937
Die deutsche „Legion Condor“ zerstört im spanischen Bürgerkrieg die Stadt Guernica.

6. Mai 1937
In Lakehurst (USA) geht das deutsche Luftschiff LZ 129 Hindenburg bei der Landung in Flammen auf. 62 von 97 Passagieren und Besatzungsmitgliedern überleben.

24. Mai 1937
In Paris wird die Weltausstellung eröffnet.

1. Januar 1938
Juden in Deutschland dürfen keine Einzelhandelsgeschäfte und Handwerksbetriebe mehr führen, das Anbieten von Waren und Dienstleistungen wird ihnen untersagt.

12. März 1938
Hitlers Wehrmacht marschiert in Österreich ein.

21. Juli 1938
Erstbegehung der Eigernordwand durch Heinrich Harrer u. a.

29. September 1938
Im Münchener Abkommen wird die Abtretung des Sudetenlandes an Deutschland vereinbart.

9. November 1938
In der „Reichskristallnacht“ zerstören Nationalsozialisten und ihre Sympathisanten Synagogen, Wohnungen und Geschäfte von Juden.

Und so bauten wir das, was sich ergab, und das waren meistens irgendwelche Formen von Türmen, mit denen wiederum die anderen nichts anfangen konnten. Wir brauchten was zum Umwerfen, weil uns das einen Riesenspaß machte. Und so stießen wir das, was die anderen uns oder wir selber gerade gebaut hatten, sofort wieder um. Und freuten uns riesig über den Krach und natürlich über den Frust unserer älteren Baumeister. Erst viel später lernten wir, dass große Bauwerke nicht einfach wieder umgestoßen werden dürfen. Nur im Krieg und von Soldaten mit Kanonen und Flugzeugen. Aber die Erkenntnis kam auch erst später.

Fahrzeuge, Puppen und Tierchen

Ein Fahrzeug war alles, was Räder hatte. Auch der mehrgliedrige Holzdackel, den wir an einer Schnur hinter uns herzogen, und der tatsächlich mit dem Schwanz wackeln konnte. Und natürlich die Pferdewagen, Eisenbahnen und Autos. Bis auf wenige Autos aus Blech, bestand unser nicht selten recht umfangreicher Fuhrpark aus Holz. Aber es konnte auch einer von Vaters Pantoffeln sein, den wir in unserer Phantasie einfach zum Auto umfunktionierten. Doch meistens diente der als Schiff.

Wir haben nur Blumen gepflückt

Alle haben was, nur ich nicht!

Unserer Phantasie waren keinerlei Grenzen gesetzt. Unter der Chaiselongue lebten alle bösen Figuren aus den Märchen. Die guten, verkörpert durch Puppen, hölzerne Bauernfiguren aus dem Spielstall, Elastolin-Soldaten und allerlei Engelchen aus der Weihnachtszeit lebten auf den Kissen des längeren Sitzmöbels. Der Wandbehang mit dem Lohengrinmotiv diente als Bühnenbild für phantastische Szenen aus unserer eigenen Theater- und Opernproduktion. Und natürlich hatten auch unsere Haustiere ihre klaren Aufgaben: So mussten Hunde Wägelchen ziehen und unsere Puppen auf sich reiten lassen, wozu Katzen schlichtweg nicht bereit waren. Die mussten dafür auf die Puppen aufpassen, weil sie ohnehin stets auf einem der vielen Kissen lagen und schliefen. Ansonsten waren Tiere, vor allem auf dem Lande, für Spielereien nicht geeignet. Hühner liefen immer weg, Schweine stanken schrecklich, Hunde hatten anderes zu tun, Enten wichen ins Wasser aus, waren also unerreichbar, Ziegen waren zu allem zu dumm und traten auf allem herum, Schafe ebenso, und Pferde und Kühe waren zu groß. Und die Landkatzen hatten in den Scheunen und Ställen bei den Mäusen ihre Reviere und viel Arbeit, und für Menschen wie uns keine Zeit.

Mutter, es schmeckt nicht!

Nach drei Jahren wechselhafter Erfahrungen konnten wir Mutter klarmachen, was wir von den täglich angebotenen Köstlichkeiten essen mochten und vor allem, was nicht. Wir lernten, dass uns das wenig nutzte, denn „Es wird gegessen, was auf dem Tisch steht!" Und da stand das, was Mutter gekocht hatte. Hatte man uns früher mit solchen Aussprüchen wie „Mnem, mnem, mnem" und „ein Löffelchen für den Vater, eins für Mutter, eins für Christel (die Sau im Stall), eins für Oma, eins für Opa" usw. sanft und lieb zugeredet, doch unseren Brei zu uns zu nehmen (nur anfangs durften wir ihn mit Hilfe eines „Bäuerchens" auch wieder von uns geben), so drohte man nunmehr mit deftigen Strafen, bis hin zum Freiheitsentzug, nämlich Zimmerarrest, wenn wir nicht aufaßen. Dazu kamen das schon erwähnte aufrechte und gerade Stillsitzen und das Nichtsprechen während des Essens. Und „die Hände auf den Tisch" und die Linke neben dem Teller liegen lassen, während mit der Rechten gegessen werden darf! Zwar war Sprechen während des Essens am Tisch verboten, nicht aber Denken! So lernten wir schweigend essen, und so manches verschlangen wir nur, weil wir dabei an etwas Schöneres dachten. Und von anderem konnten wir wiederum nicht genug kriegen. Auch das konnte Anlass einer ernsten Mahnung sein wegen dringenden Anfangsverdachts künftig zu erwartender Schlemmerei, Völlerei, Verschwendung und unbotmäßigen Lebens. Wir hatten viel Gelegenheit, etwas falsch zu machen, eigentlich jede war dazu geeignet.

Autos und gedeckte Stoffe

In der Tat gab es zum Zeitpunkt unserer Geburt und in den Jahren danach schon eine Menge Autos. So sahen wir den DIXI von BMW, den Mercedes 500 oder den DKW 601 F2. Es fuhren Busse und sogar Motorräder. In der Stadt wurde der Verkehr auf den

Mutters Kostüm und unser „Sonntagsstaat"

Der große DKW vor einer
Horch Reparaturwerkstatt

Kreuzungen von „Schutzmännern" geregelt. Es gab Verkehrsschilder mit merkwürdigen Zeichen drauf, und auch Polizeiautos und Feuerwehrautos mit Klingeltönen beim Einsatz. Meistens saßen Männer mit Hüten oder Mützen am Steuer, und wenn ein Auto offen war, trugen sie sogar runde Brillen. Wenn Vater ein Auto hatte, so war das etwas ganz Besonderes. Die Ausfahrt am Sonntag mit der ganzen Familie wurde sorgsam organisiert. Für eine Autofahrt wählte man die Sonntagskleidung oder die Uniform der Wehrmacht, der SA oder der SS. Je nachdem, wie Vater so dachte. Für Mutter schickte sich ein Kostüm, ein geblümtes Kleid oder eine Lodentrachtenjacke mit Hirschhornknöpfen an den Reversspitzen. Alles in gedeckten Farben. Wir trugen, sofern wir nicht mehr in unseren Körbchen oder Kinderwagen lagen, möglichst weiße Hemdchen oder Blüschen, kurze Höschen oder Faltenröckchen mit Trägern, und wie Mutter auch eine Trachtenjacke, möglichst gestrickt. Auch mit Hirschhornknöpfen.

Die Straßen hatten meist Schotterbelag und die Ränder waren mit weiß gestrichenen Basaltsteinen gekennzeichnet. Damit man nicht vom Wege abkam. Die Autos fuhren je nach Fabrikat zwischen 70 und 150 km/h und hatten Blattfederung, was eine Fahrt über eine der geschotterten Landstraßen nicht selten zu einem besonderen Schüttelerlebnis machte. Auf dem Land hatten meistens nur der Arzt, der Rechtsanwalt und, neben seiner Vierspänner-Pferdekutsche, der Herr von Pappenberg oder so ähnlich, ein Auto, das gelegentlich sogar von dem verwöhnten Fräulein von Pappenberg oder so ähnlich gefahren wurde, was eine besondere Attraktion war – im Dorf.

Die Frisur: kurz und korrekt!

Unruhe

Es war die Nacht des 9. November 1938. Nazis, darunter Nachbarn und Bekannte hatten jüdische Mitbürger in ihren Häusern und Wohnungen überfallen, ihre Möbel demoliert und auf die Straßen geworfen, ihre Geschäfte zerstört und mit weißer Farbe „Jude“ oder „Kauft nicht bei Juden“ an Fassaden und Schaufenster geschmiert. Schaufenster und Fensterscheiben waren eingeworfen worden, und die Nazis nannten diese Nacht zynisch „Reichskristallnacht“. Den Juden sollte „ein Zeichen gesetzt“ werden. Und so konnten sie sich ausmalen, dass es nicht der letzte Terror war, den sie zu erleiden hatten.

Fröhliche Weihnachten!

Nikolaus (Opa Kinzel von gegenüber) und Knecht Ruprecht (Thielens Heinz, den Kinderschreck aus der Bornstraße) hatten wir hinter uns. Was sie uns auf der langen Sündenliste als unsere großen und kleinen Schurkereien vorgeworfen hatten, schien uns reichlich übertrieben. Nun stand Weihnachten vor der Tür. Es schneite, es war kalt, der Schnee lag einen halben Meter hoch auf dem Platz und der Dorfstraße.

Schon am Morgen des Tages, an dem Heiligabend war, ergriff uns ein unbeschreibliches Gefühl der Feierlichkeit und eine unbändige Freude auf die zu erwartenden Geschenke. Aus dem Volksempfänger rieselten die altbekannten Weihnachtslieder, den ganzen Nachmittag über. Und als sich die Dunkelheit über die Welt senkte, ging's zur Kirche. Alles schien anders. Die Menschen, die ebenfalls zur Kirche gingen, schienen uns feierlicher zu gehen als sonst. Es war ungewohnt still, weil der Schnee die Geräusche schluckte. An den Telegrafenmasten spannten sich hoch über uns die Drähte mit glitzerndem Raureif vor dem schwarzen Himmel. Und die Straßenlaternen warfen helle Flecken auf die Schneeflächen. In der Kirche stand wie schon im vorigen Jahr wieder dieser riesige Weihnachtsbaum und erstrahlte mit seinen mehr als hundert Kerzen, dem vielen Lametta und den roten, silbernen und weißen Kugeln. Und hoch oben auf der Spitze, fast bis an die Decke des Kirchenschiffs reichend, leuchtete golden – ein Hakenkreuz!

Wieder stand für uns Jungen eine ganze Kompanie Elastolin-Soldaten unter dem Weihnachtsbaum, darunter immer mehr in kämpfender Pose.
Und neuerdings gab es auch den „Führer". Er trug seine braune Uniform und hob die Hand, war also besonders gefährdet, weil der Arm brechen konnte und wurde deshalb auch besonders pfleglich behandelt. Den anderen Arm, den mit der Hakenkreuzbinde, hatte er „fest an die Hosennaht" gelegt. Dazu gesellten sich Panzer und Kanonen. Oder es gab ein Auto, gelb und lenkbar mit Federmotor zum Aufziehen und einen Metallbaukasten von Märklin. Waren wir Mädchen, so gab es neue Puppen und Puppenkleider, oder auch Geschirr für den Puppenhaushalt, der sich in der neu tapezierten Puppenküche befand. Natürlich auch Kleider für uns selber. Und die hatte Mutter ausgesucht, und deshalb hielten wir diese Geschenke ohnehin für notwendig und stellten keine eigenen modischen Ansprüche,

Stille Nacht, Heilige Nacht ...

sofern wir schon welche hatten. Für Jungen und Mädchen waren ein neuer Schlitten, Schlittschuhe und Kinderski von Bedeutung, je nach dem, was sich die Eltern leisten konnten oder wollten. So liebten wir „Die Häschenschule" und den „Struwwelpeter", der immer wieder ersetzt werden musste, weil wir ihn das Jahr über regelrecht kaputtlasen.

Die Kultur auf der Flucht

Auch der Maler Paul Klee galt als „entarteter Künstler"; hier sein Gemälde „Landschaft mit gelben Vögeln" aus dem Jahr 1923

Bereits 1935 hatte der wesentliche Teil der geistigen Elite Deutschland verlassen, war emigriert oder hatte sich zurückziehen müssen: So die Schriftsteller Bertolt Brecht, Alfred Döblin, Thomas und Heinrich Mann. Der Publizist Carl von Ossietzky, der Maler Emil Nolde, Paul Klee und viele andere Künstler, Publizisten und Geisteswissenschaftler wurden schikaniert, verhaftet, gefoltert oder ermordet. Der Philosoph Walter Benjamin und der Schriftsteller Kurt Tucholsky nahmen sich das Leben. Die Werke der großen Meister der Moderne in Bildhauerei und Malerei wurden zur „entarteten Kunst" erklärt, und Albert Einstein blieb in den USA, weil für ihn die Verhältnisse in seinem „Vaterland" unerträglich geworden waren.

Deutschland hatte bereits in den ersten beiden Jahren unter der Herrschaft der Nationalsozialisten einen Großteil seiner wichtigsten Künstler und Geisteswissenschaftler verloren. Es regierten der Kleingeist, die Enge, die Intoleranz und schlichtweg auch der Unverstand. Die Kunst wurde staatlich kontrolliert. Was Kunst war, entschied der Staat, und somit auch, was nicht. So konnten die kreativen Geister in ihrem eigenen Land nicht mehr leben. Die Nationalsozialisten versuchten, die moderne Kunst auszuschalten, erst recht, wenn die Künstler Juden waren.

Was blieb, war das unerträgliche Pathos einer politisch gelenkten und kontrollierten Kunst der kleinen verblendeten Geister. Langweilig und im Vergleich zur dynamischen Entwicklung der internationalen Kunst ohne Bedeutung. Und hier zeigte sich, dass Rassismus, Engstirnigkeit und Dummheit Nährboden für Aggression und Gewalt bilden – im Kleinen wie im Großen.

Für das **Leben** lernen

Fräulein Mosiger und andere

Mutter sah allemal schicker aus als Fräulein Erna Mosiger, unsere erste Lehrerin. Fräulein Mosiger war von oben bis unten grau, und die Falten ihres grimmigen Gesichtes setzten sich in denen ihrer Bluse und ihres Rockes fort, bis zu den grau umstrumpften Knöcheln. Und sie stand in grauschwarzen Schuhen. Auf dem Kopf trug sie einen grauen Knoten, der ihr stets nach hinten rutschte. Deshalb war sie sicherlich so nervös. Bei ihr lernten wir das Aufstehen, „Heil Hitler" rufen, das „Deutschlandlied" singen und eine Tageslosung aufsagen, in der immer der „Führer" und unser geliebtes Vaterland vorkamen.

Nebenbei lernten wir lesen und schreiben. Zuerst in Sütterlin-, dann in Latein-, dann wieder in Sütterlinschrift. Dazu kamen das Rechnen und die Heimatkunde. Je mehr wir später andere Lehrpersonen kennen lernten, umso

Chronik

15. März 1939
Die Tschechoslowakei wird von deutschen Soldaten besetzt.

20. März 1939
In Berlin werden 5000 „entartete" Kunstwerke verbrannt.

1. September 1939
Hitler fällt in Polen ein, der Zweite Weltkrieg beginnt.

15. Mai 1940
Das erste McDonald's-Restaurant wird in San Bernadino, Kalifornien, eröffnet.

14. Juni 1940
Deutsche Soldaten besetzen Paris.

15. Oktober 1940
Der Film „Der große Diktator" von Charlie Chaplin hat in New York Premiere.

12. Mai 1941
Konrad Zuse stellt die Rechenmaschine Z3 vor.

22. Juni 1941
Der Krieg gegen die Sowjetunion beginnt.

19. September 1941
In Deutschland müssen alle Juden den Davidstern tragen.

11. Dezember 1941
Deutschland und Italien erklären den USA den Krieg.

20. Januar 1942
Die Wannseekonferenz besiegelt die „Endlösung der Judenfrage" – die endgültige Vernichtung der Juden wird beschlossen.

10. Juni 1942
Als Vergeltung für ein Attentat auf den Leiter des Reichssicherheitshauptamtes, Reinhard Heydrich, vernichtet die SS das tschechische Dorf Lidice und tötet alle männlichen Einwohner über 15 Jahren.

26. November 1942
Der Kultfilm „Casablanca" mit Humphrey Bogart läuft in New York an.

Dezember 1942
Die Widerstandsgruppe „Weiße Rose" (Sophie und Hans Scholl) gründet sich.

Vor uns liegt Deutschland.

Fahnensprüche.

Der Morgen brach an.
Das Tagwerk beginnt.
Nun, Fahne, steig auf
und flattre im Wind!

Seht an, die Fahne weht!
Wohl dem, der zu ihr steht!
Sie flattert droben im Sonnenschein;
laßt uns geloben, ihr treu zu sein!

*

Wir stehen zu dir in Glück und Leid.
Laß, Fahne, dich entrollen
und hör unsern Schwur für alle Zeit:
Wir wollen!

Paul Grotzmann.

mehr lernten wir Fräulein Erna Mosiger schätzen und lieben. Schließlich schlug sie nie, selbst wenn sie meinte, wir hätten es verdient, fest mit dem Stock auf den Po. Ganz im Gegenteil zu Herrn Heberlein, der sogar mit voller Wucht auf die Finger drosch und uns dazu noch eine Ohrfeige verpasste, wenn wir mit den geschwollenen Fingern das Diktat nicht mitschreiben konnten. So lernten wir fürs Leben!

Schnell fanden wir neue Freundinnen und Freunde, aber auch Feindinnen und Feinde. Schon der gemeinsame Schulweg schied die Spreu vom Weizen. Und nicht selten war der Schulweg lang, führte vorbei am Güterbahnhof, entlang des Flusses, des Dorfbachs oder der Apfelbaumwiesen, vorbei am Hof des Bauern Betzbach oder dem Geschäft des Uhrmachers Köhtel. Alles Herausforderungen an unsere Phantasie, unsere Abenteuerlust und, vor allem, unseren Mut!

Unterwegs

Unterwegs waren wir meist nur in Gedanken. Am Bahnhof folgten unsere Blicke sehnsüchtig den Schienensträngen, die hinaus in die Ferne führten, auf den Straßen den Autos, die hinter der Biegung verschwanden und ganz bestimmt eine weite Strecke vor sich hatten, und am Himmel den wenigen Flugzeugen, von denen aus man sicher die ganze Welt sehen konnte. Lokführer, Autofahrer und Flugzeugführer wollten wir Jungen werden. Immer vorne drin sitzen und bestimmen, wo's hingehen sollte!

Manchmal fuhren wir zusammen mit Vater oder Mutter mit der Tram in den nächsten Stadtteil, um Oma zu besuchen, oder mit der Eisenbahn in die Kreisstadt, zum Facharzt oder um etwas zu kaufen, das es in unserer Umgebung nicht gab, ein Bild für die Wand, ein neues Hemd oder eine Brille, die der Augenarzt verschrieben hatte. Eine Reise aufs Land oder vom Land in die Stadt wurde tagelang vorbereitet, auch wenn sie dann nur zwanzig Minuten dauerte.

Eine Fahrt mit dem eigenen Auto war außerhalb unserer Vorstellungsmöglichkeiten – bis auf wenige Ausnahmen.

Der „Holländer“, mühsam, aber praktisch

Auch Mädchen konnten
Lederhosen tragen

Die Lederhose machte uns erst stark

Die Lederhose

Die Lederhose brachte für uns Jungen die Erlösung. Mussten wir bislang sorgsam darauf achten, uns nur nicht schmutzig zu machen, nicht irgendwohin zu setzen, bevor Vater, Mutter oder wir selber den Stein, die Bank oder die Mauer mit einem riesigen Taschentuch abgedeckt hatten, so konnte es Vater nun nicht schnell genug gehen, bis die Hirschlederhose speckig war und damit „zünftig" aussah. Die Lederhose war ein Unikum. Vorne wurde sie mit einer Riesenklappe an zwei Hirschhornknöpfen verschlossen, die Hosenbeine waren nach außen umgeschlagen und an den Seiten mit Lederbändchen verziert. Sie wurden mit breiten Hosenträgern, die durch einen mächtigen, mit einem Hirschmotiv auf einer Hirschhornbrosche verzierten Steg verbunden waren, zusammengehalten. Und vor allem waren sie unverwüstlich, was nicht hieß, dass es nicht doch einigen von uns gelang, sie irgendwann gründlich zu ruinieren.

Für unsere Schwestern gab es zwar nichts Vergleichbares, aber wenn sie klug waren, konnten sie Mutter doch davon überzeugen, dass sie weniger zu waschen und zu flicken habe, wenn sie schließlich auch eine solche Lederhose trügen, und was sei schon dabei. Und dann hatten sie auch eine!!

Auch wenn der Abschied schwer fällt …

Der „Führer" schießt zurück

Es mag für viele von uns ein konkretes Ereignis in der Erinnerung an unsere frühe Kindheit sein. Es änderte sich etwas in der Familie. Auf die Reihe kriegen wir es nicht mehr, aber es fallen uns Worte und Szenen ein. Zum Beispiel: „Es ist Krieg!" Und wir wussten schon aus Großvaters Erzählungen, was Krieg bedeutete: Soldaten, Panzer, Kanonen, Schießen, Sieg, Mut, Tapferkeit, Verwundung und „gefallen"! Vor allem „gefallen". Und es fielen uns die Namen der Verwandten ein, die immer wieder genannt wurden. „August hat immer gesagt …" oder „Wenn doch nur der Wilhelm noch da wäre, dann wäre alles leichter". Onkel August und Onkel Wilhelm waren im Ersten Weltkrieg gefallen.

An diesem 1. September 1939 standen die Leute auf der Straße, oder es kamen Onkel, Tanten und andere und redeten statt über die im Ersten Weltkrieg Gefallenen über den neuen, unumgänglichen Krieg, und dass der „Führer" sich gegen die Polen wehren müsse, die ihn angegriffen hätten. Und dass er um fünf Uhr fünfundvierzig zurückgeschossen habe. Nach allem, was wir bisher

… freudig ziehen die Väter in den Krieg

über den „Führer“ gehört hatten, trauten wir ihm das glatt zu. Der konnte einfach alles! Einige Väter und Onkel freuten sich, wollten dabei sein und konnten es kaum abwarten, bis sie einberufen wurden. Andere wurden schweigsam. Und wieder andere wussten, dass nicht die Polen Hitler angegriffen hatten, sondern Hitler die Polen. Aber um zu protestieren waren die gefährlichen Zeiten schon zu weit vorangeschritten.

„Maikäfer flieg' …

Die ersten Todesnachrichten

Fern der Heimat, in treuester Pflicht,
Bin ich gefallen vergeßt mich nicht.

Auf dem Felde der Ehre fiel getreu seinem Fahneneid und im Kampfe gegen den Bolschewismus

Willi Kiel

Gefreiter in einem Jnf. - Rgt. Teilnehmer an d. Feldzügen gegen Polen Holland Belgien Frankreich & Rußland am 9. Feb. 1942 schwer verwundet, und am 14. Feb. im Alter von 29 Jahren mit allen militärischen Ehren auf dem Heldenfriedhof in Oischa beigesetzt.

Vergebens ist nun alles Hoffen
Auf eine frohe Wiederkehr,
Weil Dich die Kugel hat getroffen,
Ist diese Hoffnung nun nicht mehr!
Nun ruhe sanft in fremder Erde
Von diesem schweren Kampfe aus.
Uns ist nun nimmermehr beschieden
Ein freudig Wiederseh'n zu Haus!
Ruhe sanft in fremder Erde.

Druck Alois Haller, Hauzenberg.

… dein Vater ist im Krieg“, der Erste Weltkrieg war noch nicht so lange vorbei, als dass die Lieder aus dieser Zeit bereits verblasst oder nicht mehr aktuell gewesen wären. Allmählich zogen Väter, Onkel und Nachbarn in den Krieg. Und bald schon erschienen in den Zeitungen die Todesanzeigen mit dem kleinen Eisernen Kreuz und den Namen von Männern mit ihren Dienstgraden. Auch in uns kroch die Angst unaufhaltsam hoch. Als erstmals der Name eines Bekannten in großen Lettern zu lesen war, brach Panik aus. Man wusste ja nicht, wo der Vater war. Man hörte nur, dass er heldenhaft kämpfe. In Polen, in Dänemark, in Norwegen und dann in Frankreich. Überall konnte er sein. Wir wussten nicht, wo diese Länder lagen, stellten uns weite Landschaften vor, in denen der Vater mit seinem Panzer die Feinde bekämpfte. Und Mutter nahm uns mit ins Kino, damit wir in der Wochenschau sehen konnten, wie die Väter auf dem Vormarsch waren, überall siegreich. Sie hatten großartige Schiffe, schnittige Flugzeuge, Panzer, Kanonen und sogar Pferde. Und wir sahen den „Führer“ und seine Offiziere, die die Soldaten irgendwo besucht hatten und sich freuten. Vor sechs Wochen, so alt war der Wochenschaufilm. Vater konnte längst tot sein. Und so war es auch für viele. Die Benachrichtigungen um uns herum häuften sich: „Fürs Vaterland gefallen“.

Essen nach Maß

Ab sofort erfuhren wir, was und wie viel wir essen durften. Aufgrund der „Kriegswirtschaftsverordnung“, die Anfang September 1939 in Kraft getreten war, erhielten wir Lebensmittelkarten. Sie waren in kleine Abschnitte eingeteilt, auf denen zu lesen war, wie viel Gramm Brot, Butter, Fleisch und andere Dinge des täglichen Bedarfs man dafür bekam. Benzin wurde rationiert, Lastwagen und Privat-Pkw wurden registriert und später beschlagnahmt. Von einem Tag auf den anderen stand der Krieg im Zentrum des Alltags. Väter wurden eingezogen oder meldeten sich freiwillig, Onkel und Nachbarn ebenso. Unsere Mütter waren hin- und hergerissen. Einerseits wollten sie, dass der Führer mit ihrer Hilfe und der unserer Väter den Krieg auf jeden Fall gewinnt, andererseits war die Trennung von ihren Männern schmerzlich, vor allem, weil Krieg ja auch Tod bedeuten konnte. Und für uns war es nicht selten eine Katastrophe. Oft hat man uns erzählt, Vater sei nur verreist.

Immerhin waren die Rationen, die wir für die Lebensmittelkartenabschnitte noch kaufen konnten, einigermaßen ausreichend, trotzdem löste die nunmehr staatlich verordnete Begrenzung des Konsums, vor allem des Essens, ein Gefühl des Mangels aus.

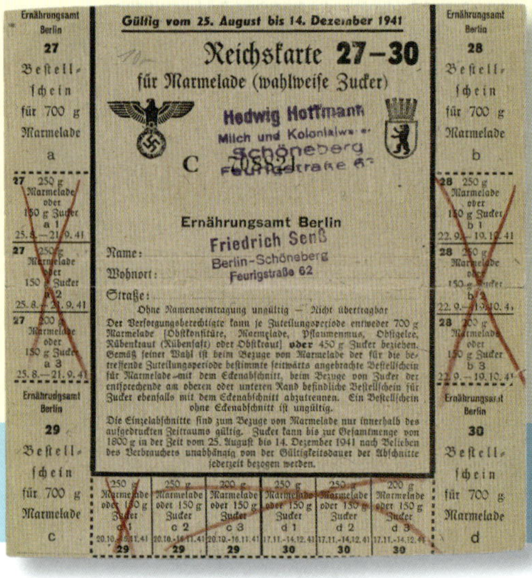
Gültig vom 25. August bis 14. Dezember 1941

Reichskarte 27–30
für Marmelade (wahlweise Zucker)

Hedwig Hoffmann
Milch und Kolonialwaren
Schöneberg
Feurigstraße 6?

C

Ernährungsamt Berlin

Name: Friedrich Senß
Wohnort: Berlin-Schöneberg
Straße: Feurigstraße 62

Ohne Namenseintragung ungültig – Nicht übertragbar

Der Versorgungsberechtigte kann je Zuteilungsperiode entweder 700 g Marmelade [Obstkonfitüre, Marmelade, Pflaumenmus, Obstgelee, Rübenkraut (Rübensaft) oder Obstkraut] **oder** 450 g Zucker beziehen. Gemäß seiner Wahl ist beim Bezuge von Marmelade der für die betreffende Zuteilungsperiode bestimmte seitwärts angebrachte Bestellschein für Marmelade mit dem Eckenabschnitt, beim Bezuge von Zucker der entsprechende am oberen oder unteren Rand befindliche Bestellschein für Zucker ebenfalls mit dem Eckenabschnitt abzutrennen. Ein Bestellschein ohne Eckenabschnitt ist ungültig.

Die Einzelabschnitte sind zum Bezuge von Marmelade nur innerhalb des aufgedruckten Zeitraums gültig. Zucker kann bis zur Gesamtmenge von 1800 g in der Zeit vom 25. August bis 14. Dezember 1941 nach Belieben des Verbrauchers unabhängig von der Gültigkeitsdauer der Abschnitte jederzeit bezogen werden.

Ernährungsamt Berlin 27 Bestellschein für 700 g Marmelade a

Ernährungsamt Berlin 28 Bestellschein für 700 g Marmelade b

Ernährungsamt Berlin 29 Bestellschein für 700 g Marmelade c

Ernährungsamt Berlin 30 Bestellschein für 700 g Marmelade d

250 g Marmelade oder 150 g Zucker c 1 20.10.–16.11.41 29	250 g Marmelade oder 150 g Zucker c 2 20.10.–16.11.41 29	200 g Marmelade oder 150 g Zucker c 3 20.10.–16.11.41 29	250 g Marmelade oder 150 g Zucker d 1 17.11.–14.12.41 30	250 g Marmelade oder 150 g Zucker d 2 17.11.–14.12.41 30	200 g Marmelade oder 150 g Zucker d 3 17.11.–14.12.41 30

Noch nicht gerade knapp, aber schon rationiert

Unser Krieg

Vor allem für Jungen hatte der Krieg natürlich auch seine Faszination. Wir hörten nur Siegesmeldungen. Mutter hatte uns eine Uniformjacke genäht, einen Kinderhelm, ein Holzgewehr und ein Kinderkoppel gekauft, alles gab es in Spielwarengeschäften. Sogar Abzeichen. Und so zogen wir hinaus in den Steinbruch zum Kämpfen oder auf den Molsberg, der dicht mit Hecken und

Büschen bewachsen war und sich hervorragend dazu eignete, das Vaterland am besten dadurch zu verteidigen, indem man den imaginären Feind, also „den“ Polen und inzwischen auch „den“ Franzosen angriff. Denn der „Führer“ hatte Frankreich im Mai 1940 angegriffen und bereits am 22. Juni besiegt. „Der Franzose“, so erfuhren wir zu Hause und in der Schule, sei unser „Erzfeind“. Wir hörten, dass die deutsche Luftwaffe am 9. September 1939 London, am 25. September 1939 Warschau und am 14. Mai 1940 Rotterdam bombardiert hatte. Und dann hörten wir, dass am 11. Mai 1940 britische Bomber Mönchengladbach und fünf Tage später Münster angegriffen hatten. In der Folgezeit meldeten Zeitungen und Volksempfänger immer häufiger Bombenangriffe auf deutsche Städte. Das steigerte unseren Wehrwillen ins Unermessliche!

Auf dem Land zogen fortan die feindlichen Bomberverbände über uns hinweg, in der Stadt saßen wir tagsüber und nachts in Luftschutzkellern. Der Schulweg wurde von Tag zu Tag gefährlicher. Wir mussten uns die Häuser merken, in die wir bei eventuellen Angriffen flüchten konnten. Es gab eigens hergerichtete Stollen im stadtnahen Felsen oder richtige Bunker.

Angesichts der ständigen Siege unserer heldenhaften Väter verflog offenbar allmählich die Angst der ersten Kriegswochen. Auf dem Land wurde besorgt über die nächste Aussaat und Ernte geredet. Allmählich wusste man mit der neuen Lage umzugehen. Und so nahmen wir es hin, wie es war. Niemand protestierte. Wir blieben unerschütterlich in der Einschätzung der Lage, denn „wir würden den Krieg demnächst ohnehin gewinnen“. Mit sieben waren wir nach all den Erfahrungen schon zu einer solchen Feststellung fähig. Außerdem brauchten wir nur nachzuplappern, was die Großen den ganzen Tag über schwadronierten!

Jetzt brauchten wir nur noch den Krieg

Die Juden

„Da liegt ein Jud begraben", sagten die Leute, wenn wir unversehens über einen Stein stolperten. Seine Nase rage immer noch aus dem Erdboden, erklärten sie uns. Sie hatten viele kleine und große Geschichten über die Juden parat. Über die Viehhändler, die Metzger, die koscher schlachteten, die Wucherer, überhaupt waren alle Juden Betrüger, Diebe und Taugenichtse, die sich gegen uns verschworen hatten und von Amerika aus versuchten, uns zu vernichten. Und außerdem führten sie ein „ausschweifendes" Leben, wurde tuschelnd hinzugefügt. Und jeder stellte sich etwas furchtbar Sündhaftes vor. So wuchsen die antisemitischen Pflänzchen, täglich neu gegossen, in uns allmählich heran und nahmen Besitz von unserem Denken und Fühlen. Und wir konnten nichts dagegen machen, denn uns war in diesem Alter nicht bewusst, was mit uns geschah. Wir glaubten, dass Sarah und Jakob, die im ersten Schuljahr in einer Extra-Bank saßen, mit ihren Eltern nach Polen gefahren seien, um dort in neuen Bauernhäusern zu wohnen und Land zu beackern. Und wir dachten, wie die anderen Leute auch, dass die Juden verschwinden müssten. Das alles hatten die Nazis zwar nicht erfunden, sondern vorgefunden in einer miefigen, nationalistisch denkenden und politisch – und sexuell – unaufgeklärten Gesellschaft, in der lange Fäden mittelalterlicher Ängste und Vorurteile noch wirksam waren und in der alles Moderne, Fortschrittliche bereits in den Orkus der „Entarteten" und „Schädlinge" gefolgt war. Der schon vorhandene Antisemitismus wurde zum mächtigsten Instrumentarium der Nazis zur Stabilisierung ihrer Macht. Nach dem Krieg mussten wir, die wir Kinder waren, alleine aus diesem antisemitischen Sumpf herausfinden. Und dass die Eltern und anderen Erwachsenen schwiegen, bedeutete keinesfalls, dass sie nunmehr nicht mehr antisemitisch dächten und fühlten. Sie schwiegen aus Angst und Scham. Und manche und mancher von uns mag die späteren Fotobände, in denen die Gräuel der Nazis in den Konzentrationslagern zu sehen waren, voller Angst davor aufgeschlagen und betrachtet haben, den eigenen Vater bei einem Erschießungskommando zu entdecken. Für viele von uns war diese Phase ihrer Jugendzeit die schwerste überhaupt. Denn bei aller Angst vor der Entdeckung, allem Verdacht der Mittäterschaft und aller Gewissheit über die grundsätzliche Mitverantwortung der Eltern, so liebten wir sie doch. Sie waren schließlich unsere Eltern. Und so ließen wir sie mit ihrer Vergangenheit in Ruhe und damit auch alleine, weil wir Furcht hatten, sie zu verlieren, was immer sie auch getan hatten. Das war – und ist bis heute für viele von uns das Dilemma!

Hier wird mit Steinen gebaut

Alles ohne Hilfe der Großen gebaut!

Kräne und Paläste

Ansonsten hatten wir zu tun. Wir bauten mit Märklin-Metallbaukästen Kräne, Autos, Schiffe und Flugzeuge, bekamen so ein Gefühl für den Werkstoff Metall und stellten uns den Herausforderungen der Konstruktion eines technischen Produkts. Tüftelten, probierten, erfanden. Auch wenn wir später keine Konstrukteure wurden, so war diese Phase unserer Kindheit von großer Bedeutung. Das Gleiche galt für die Steinbaukästen, besonders die von Anker. Ganze Paläste wurden gemauert, auch wenn wir die Statik von Gebäuden noch nicht berechnen konnten, so konnten wir sie erfühlen. Es entstanden Häuser, Brücken, Türme oder ganze Siedlungen. Manche hatten anderes zu tun. Sie halfen auf den Feldern ihrer Eltern, führten Ziegen, Schafe und Kühe auf die Weiden, misteten Ställe aus und fütterten das Vieh. Aber auch sie hatten Baukästen.

Und wenn wir Mädchen waren, so hatten wir oft schon in der Schule das Nähen und Stricken gelernt, von Mutter oder Großmutter das Sticken. Und da waren immer noch unsere Puppen, die wir inzwischen in unserer Spielphantasie

Eigentlich wollten wir eher spielen als helfen

als unsere Babys nicht mehr so ernst nahmen, die wir aber als unsere stummen, lieben Gefährten durchs Leben hegten und pflegten und vor den Attacken der Brüder schützten. Und manche der alten Puppen haben ihre Besitzerinnen ein Leben lang nicht verlassen und sitzen heute noch auf irgendeinem Sofa.

Der Lebensraum

Die meisten von uns brauchten ihr Zimmer nie aufzuräumen. Wir hatten keins. Wir lebten in den Räumen, in denen auch die anderen wohnten. Vielleicht hatten wir uns dort ein eigenes Plätzchen geschaffen, das wir uns von niemandem streitig machen ließen. Die Familie blieb zusammen, und abends musste man sich selber beschäftigen, oder es wurde gemeinsam gespielt, gesungen, genäht oder gestrickt. Und vielleicht dabei Radio gehört. Im Winter wurde meist nur ein Raum geheizt, weil Holz und Kohlen rationiert und knapp waren. Die Sommer waren erträglicher. Vor allem auf dem Land hielten wir uns mit den Erwachsenen lange draußen auf. Sie saßen zusammen, entkernten Pflaumen, schälten Äpfel und Birnen und sangen uralte Lieder. Die Idylle gab es wirklich. Und manche und mancher von uns wird gerne daran zurückdenken.

Wenn da nur nicht dieser Krieg gewesen wäre, wenn wir nur gewusst hätten, wo Vater gerade war. Wenn da nur nicht immer häufiger die feindlichen Verbände über uns hinweggeflogen wären und auf dem Rückflug die leichteren Begleitflugzeuge der Bomber Jagd auf uns, auf Bauern auf den Feldern und Kutscher auf den Landstraßen gemacht hätten.

Die Geschichten kamen noch aus Büchern

Dunkle Wolken

Die Jahre zogen sich hin. Und der Krieg. Vater kam also nicht zurück. Er musste weiterkämpfen, oder er war vermisst. Oder er war tot. Sein Name war schon auf der schwarz umrandeten Anzeige mit dem kleinen Eisernen Kreuz erschienen. „Für das Vaterland ..." usw.

Die Weihnachtsgeschenke waren magerer ausgefallen. Einige von ihnen waren von Mutter genäht – oder umgenäht – oder von Opa selbst gebastelt.

Aus dem Volksempfänger sprach gelegentlich der „Führer" oder einer seiner Lautsprecher. Wir erfuhren vom „Unternehmen Barbarossa". Und das hieß, der „Führer" war in die Sowjetunion einmarschiert. Der „Führer" machte alles selber! Das war irgendwann im Sommer, bei schönem Wetter! Und vor Weihnachten, sagte er, er habe nunmehr, zusammen mit seinem italienischen Freund Mussolini, den USA den Krieg erklärt. Sollten die Amerikaner ihn doch mal kennen lernen! Wir waren baff über so viel Mut unseres „Führers"! Und nun blieb uns gar nichts anderes übrig, als ebenfalls noch mutiger zu sein und noch trotziger – und deutscher – als bisher schon zu werden. Nur Großvater und der ohnehin stets querschießende Onkel Felix blieben schweigsam.

Das Radio war unsere Verbindung in die weite Welt. Zumindest die Senderskala. Dort standen die Namen der großen deutschen Städte. Und Wien war jetzt eine deutsche Stadt. Dann gab es so fremd klingende Namen wie Beromünster, Belgrad, Wilna oder Riga. Beim Sendersuchen verzauberte uns das geheimnisvolle Pfeifen und Rauschen und versetzte uns in Träume von Ferne und Weltall, schon gar, wenn beim Sender Riga zwar keine Sendung, sondern ganz weit weg, durch das Pfeifen und Rauschen hindurch undeutlich und bedrohlich die sowjetische Nationalhymne zu hören war. Die Melodie des bösen und grausamen Feindes. Oder Radio Belgrad. Jeden Abend um sechs sang dort Lale Andersen „Vor der Kaserne, vor dem großen Tor, steht eine Laterne, und steht sie noch davor …“. Und dann eben BBC London. Aber das zu hören war verboten. Die Mütter hörten die Nachrichten vom Deutschlandsender in Berlin. Und viel Operetten- und Schlagermusik. Dazwischen Kommentare, in denen der „Führer“ über alle Maßen hinaus gelobt wurde, und die siegreichen deutschen Truppen. Schlimmes wurde den „grausamen Russen“, den „feigen“ Engländern und Franzosen und den „schlappen“ Amerikanern vorhergesagt. Und die Juden waren überall bei den Feinden auch noch Offiziere! Und so entstand in uns ein absurdes Weltbild, das mit unserem kurzen Leben wir zu verteidigen bereit waren.

Die Onkel nahmen uns in ihre Kameradschaft auf

Fürs Vaterland bereit

Wir waren Kinder, aber im Kopf bereits Soldaten. Wir spielten unsere Spiele, trieben unseren Dopp mit der Peitsche über den immer brüchiger werdenden Asphalt, bauten mit unseren Baukästen, liefen durch den Stadtteil oder über die Felder, sammelten Frösche zum Wettschwimmen im Teich, klauten Obst, bekamen „eins über", heulten, zankten uns mit den Geschwistern und Nachbarkindern, ärgerten Oma, Tante Irmgard und die Mädchen und sangen freche Lieder. Und doch wussten wir alles über den Krieg. Wie es gerade stand, wer die wichtigsten Generäle waren, wie die Feinde hießen. Wir erkannten die eigenen und feindlichen Flugzeugtypen schon am Motorengeräusch. Wir wussten, welche der britischen Flieger einen Heckschützen hatten, der auch dann noch auf uns schießen konnte, wenn er bereits über uns hinweggeflogen war. Wir wussten alles.

Wir wussten nichts über amerikanische, französische, englische und andere Kinder aus anderen Ländern, konnten uns gar nicht vorstellen, dass es dort überhaupt welche in unserem Alter gab, mit denen wir vielleicht auch noch hätten spielen können. Wir dachten nicht daran, dass auch sie ihre Spiele hatten, vielleicht die gleichen wie wir. Während die Kinder in Amerika über Walt Disneys Schneewittchen und über Charlie Chaplin lachten, waren Erich Kästners Kinderbücher hier schon verboten.

Der **Kampf** ums **Essen**

1943–1946

Ziegenmilch

Auch Großmutters Ziege und Hühner haben uns gerettet! Die Ziege Frieda gab ausreichend Milch für alle, die Hühner legten Eier. Wären es mehr Ziegen als eine und mehr Hühner als drei gewesen, hätten Milch und Eier zur Versorgung der Soldaten und der übrigen Bevölkerung in der Stadt abgeliefert werden müssen. Das Schlachten von Schweinen war laut Kriegswirtschaftsordnungsgesetz bei schwerster Strafe verboten. Und so war unsere kleine Welt voll von Gerüchten über das Schwarzschlachten. Dennoch schien es wenig Denunzianten zu geben, denn von dieser illegalen Schwarzschlachterei profitierten so viele, dass sie sich hüteten, die verborgene Quelle ihrer zusätzlichen Versorgung selbst zu vergiften. Lebten wir in den Städten, zumal auch noch in den Trümmern einer der inzwischen zerbombten Großstädte, stieg die Not von Tag

Chronik

2. Februar 1943
Die deutsche 6. Armee kapituliert in Stalingrad. Rund 90 000 deutsche Soldaten gehen in sowjetische Gefangenschaft.

22. Februar 1943
Sophie und Hans Scholl werden hingerichtet.

19. April 1943
Im Warschauer Ghetto bricht der Aufstand aus.

27. Juli 1943
Bei einem Luftangriff auf Hamburg sterben 35 000 Menschen.

24. März 1944
335 Menschen werden in den Ardeatinischen Höhlen in Italien von Deutschen ermordet.

6. Juni 1944
D-Day, Invasion der Alliierten in der Normandie.

20. Juli 1944
Das Attentat auf Hitler scheitert.

Dezember 1944
Glenn Miller bleibt über dem Ärmelkanal verschollen.

13. Februar 1945
30 000 Menschen sterben beim Luftangriff auf Dresden.

30. April 1945
In seinem Bunker begeht Hitler Selbstmord.

8. Mai 1945
Deutschland kapituliert bedingungslos – der Krieg in Deutschland ist zu Ende.

6. und 9. August 1945
Abwurf der Atombomben auf Hiroshima und Nagasaki.

21./22. April 1946
KPD und SPD schließen sich in der sowjetischen Besatzungszone zusammen zur Sozialistischen Einheitspartei Deutschlands (SED).

30. September 1946
Die Urteile im Nürnberger Kriegsverbrecherprozess werden verkündet.

Schlangestehen gehörte zum Alltag

zu Tag. Längst waren die Regale in den Geschäften leer. Mutter und wir standen stundenlang an, um mit unseren Lebensmittelkarten einen Liter Milch, ein Brot, ein paar Kartoffeln oder pro Person einen Salzhering zu ergattern. Wer Verwandte oder Bekannte auf dem Lande hatte, ging „hamstern", eine politische Verbrämung schlichten Bettelns. Oder wir wurden zu eben diesen Leuten an Wochenenden oder in den Ferien geschickt, damit sie uns mit durchfütterten.

Kinderlandverschickung und KdF

Einigermaßen gut ging es uns, wenn wir zur „Kinderlandverschickung“ fuhren. Dann standen wir mit vielen anderen am Bahnhof, hatten einen Zettel mit unserem Namen und dem Zielort um den Hals und warteten auf den Zug irgendwohin, an die Ostsee, in den Schwarzwald, in die Alpen oder an die Nordsee. Das wurde als besondere soziale Tat des „Führers“ propagiert. In Wahrheit sollten wir gesund bleiben und stark und kräftig werden, damit er in ein paar Jahren genügend Soldaten, fruchtbare Mütter und Siedler für die „Ostgebiete“ hatte. „Das Volk braucht Raum“ hieß es.

Das wussten wir natürlich nicht. Und auch nicht unsere Mütter. Vielleicht hat sich die eine oder andere von ihnen angesichts der rapide ansteigenden Zahl der Todesanzeigen mit den Namen junger Männer zumindest ihre Gedanken gemacht. Aber sie sagten nichts. Man sagte damals überhaupt nicht viel über das, worüber man hätte etwas sagen müssen. Vorher nicht und nachher auch nicht.

Einige von uns haben vielleicht mit ihren Eltern eine Reise, und gar eine Schiffsreise mit der Nazi-Freizeitorganisation „Kraft durch Freude“ (KdF) unternehmen können. Aber diese Reisen wurden angesichts des immer näher rückenden Krieges, vor allem des Luftkrieges und anderer „kriegswichtiger“ Aktivitäten schon nach wenigen Jahren wieder eingestellt.

Man brachte uns zum Bahnhof zur „Kinderlandverschickung“

Es wird knapp und gefährlich

Hausaufgaben, sonstige Arbeiten, die Mutter nicht alleine verrichten konnte, Botengänge und Einkaufen waren Standardbeschäftigungen. Aber vom Einkaufen brachten wir nicht viel mit nach Hause. Es gab kaum noch etwas. So lasen wir, wenn wir auf dem Land wohnten, im Sommer nachmittags Ähren auf abgeernteten Feldern, droschen sie mit Dreschflegeln im Hof, trennten die Spreu vom Weizen und gingen gegen Abend mit Mutter zur Mühle, um anschließend beim Bäcker ein halbes Säckchen Mehl in einen halben Laib Brot umzutauschen. Und das trotz drohender Tiefflieger, die plötzlich aus der Talsenke hervorkamen und auf uns schossen. Im Herbst lasen wir Bucheckern im Wald, besser geschützt durch das Laub der hohen Buchen, trugen sie zu einer Sammelstelle und kamen mit einem Viertelliter Öl zurück. Mutter arbeitete bei Bauern auf dem Feld, um abends mit einem kleinen Stück Butter oder Schmalz, einem Viertelkännchen Milch und etwas Brot die hungrige Familie durchzubringen. Wir halfen zwar, so gut wir konnten, aber wir wollten manchmal nicht, wollten einfach mal nur spielen, etwas lesen, mit dem Märklin-Baukasten wieder mal ein Schiff oder ein Flugzeug oder ein Karussell bauen. Wir wurden müde, hatten Hunger und Vater war nicht da. Und es nahm kein Ende. In den Städten saßen wir Nacht für Nacht in Luftschutzkellern, mussten jedes Mal das ganze Gepäck mitnehmen, konnten nicht schlafen, waren abgemagert und hatten kaum noch Kraft. Mutter fuhr mit anderen Müttern tagsüber aufs Land, um zu hamstern. Aber hamstern war betteln. Und so tauschte sie. Das Silberbesteck gegen eine Schweinshaxe, den Teppich gegen Wurst und Fett, die große Stehlampe gegen Eier und Schinken.

Hinzu kam die mangelnde Versorgung mit Heizstoffen. Holz und Kohle waren rationiert, reichten nie über den Winter. Holz musste illegal, meistens in der Nacht, aus dem Wald geholt werden. Nachbarn stahlen vom Hof die mühsam geschlagenen Holzscheite weg. Ein Plakat warnte uns vor dem „Kohlenklau“. Wir froren. Nur ein kleiner Raum in Wohnung oder Haus konnte beheizt werden.

Wir gingen früh ins Bett, weil wir uns zudecken konnten und es so einigermaßen warm hatten. Im Schlafzimmer waren in harten Wintern morgens die Fenster voller Eisblumen von unserem Atem. Sie waren schön, aber es war eisig, wenn wir aufstehen mussten. Ebenso in der Küche, im Flur, auf der Toilette. Und die heiße, silberne Bettflasche vom Abend war völlig erkaltet!

Dazu kam die ständige Sorge um den Vater, den ältesten Bruder oder den Vetter und darum, wie der Krieg weitergehen würde. Sie sprachen alle vom „Endsieg" und einer „Geheimwaffe" des „Führers". Aber offenbar glaubte niemand mehr so recht an all diese Sprechblasen.

Schnell nach Hause
mit den geklauten Kohlen

Wir werden selbst uniformiert

Viel Zeit hatten wir nicht. Nicht einmal für Hausaufgaben. Mit zehn wurden wir „Pimpfe" im Jungvolk, der Vorstufe der „Hitlerjugend" (HJ). Oder „Jungmädel", von denen es zum „Bund Deutscher Mädchen" (BDM) überging. Unser wöchentlicher Dienst bestand hauptsächlich im „Heil-Hitler"-rufen und in Volkskunde, wo wir noch einmal erfuhren, dass wir Deutschen die besten und reinsten arischen Menschen wären, und dass wir künftig hohe Verantwortung für den „Führer" und unser ganzes Volk zu übernehmen hätten, hauptsächlich dadurch, dass wir stets kämpften. Wir hätten eine große Zukunft. Wer den Geburtstag des „Führers" nicht wusste, hatte allerdings keinerlei Zukunftschance!

Die meiste Zeit aber verbrachten wir mit „Geländespielen". Das hatten früher auch schon die Pfadfinder und wir selber als „Soldaten" getan, nun führten wir unseren Krieg offiziell uniformiert weiter. Und da wir leider noch keine richtigen

Endlich offiziell uniformiert!

Gewehre haben durften und andere Waffen auch nicht, übten wir hauptsächlich „Deckung nehmen". Und, wie sich wenig später herausstellte, brauchten wir diese Fähigkeit auch, wenn wir auf dem Heimweg von der Schule oder auf den Feldern beim Ährenlesen oder Obstklauen immer häufiger von „Tieffliegern" gejagt und beschossen wurden. Wir hatten eine Sommer- und eine Winteruniform. Letztere war schwarz und wurde über das „Braunhemd" mit der schwarzen Krawatte gezogen. Die Hosen wurden mit Gürtel und „Schulterriemen" festgehalten und an den Knöcheln mit Schnüren gebunden. An den Kragen und am Arm prangten Runen und Abzeichen. Auf dem Kopf saß im Sommer ein leichtes „Schiffchen" und im Winter eine schwarze Schirmmütze. Mit dem Rhombus des HJ-Abzeichens. Das machte uns unangreifbar!

Das lange Inferno

Im Dezember 1942 war das Schicksal Deutschlands besiegelt: Die Schlacht um Stalingrad war verloren gegangen, hunderttausende deutscher Soldaten waren gefallen oder in Gefangenschaft geraten. Darunter unzählige unserer Väter. Aus dem Radio sang Zarah Leander: „Davon geht die Welt nicht unter ..."

Als im Juni 1944 die Alliierten in der Normandie landeten und sich erfolgreich in Richtung unseres Landes in Bewegung setzten, deuteten die verschiedenen Rückzugsszenarien bereits an, dass der Krieg nicht mehr zu gewinnen sei.

Zarah Leander sang uns tröstliche Lieder

Und wieder sang Zarah Leander „Es geht alles vorüber, es geht alles vorbei, nach jedem Dezember folgt wieder ein Mai ..." Sie behielt Recht. Ein knappes Jahr später, am 8. Mai, war tatsächlich alles vorbei.

Aber vorher starben noch Hunderttausende bei den Luftangriffen der Alliierten auf Essen, Hamburg, Köln, Frankfurt, Dresden und viele andere deutsche Städte. Unter den Opfern viele von uns, die sich nicht retten konnten. Wir, die sie nicht trafen, erlebten es mit, wir sahen die Tod bringenden Bomberverbände über uns hinwegfliegen, die Luftkämpfe der deutschen Jagdflugzeuge, noch lebende oder schon tote Piloten an ihren Fallschirmen. Wir sahen unsere Eltern als verkohlte Leichen, zusammengeschrumpft auf die Größe einer Puppe, unsere Geschwister, verstümmelt oder tot. Wir irrten in Feuerstürmen an der Hand unserer Mutter oder alleine durch brennende Straßen, vorbei an brennenden, einstürzenden Häusern, flohen, ohne zu wissen, wohin. Es starben noch viele Väter an den Fronten, auf den Rückzügen und im Lande selbst. Aber auch sie hatten Blutbäder angerichtet, hatten sogar auf Befehl des „Führers" damit angefangen. Vor fünf Jahren in Polen. Und waren jetzt geschlagen.

Auf der Flucht.
Was haben diese Augen gesehen?

Zweifel

Für viele, vor allem auf dem Land, waren es die ersten Toten, die wir sahen. Abgeschossene britische, amerikanische oder kanadische Flieger, nicht viel älter als wir selber, manchmal von den Bauern aus dem nahe liegenden Dorf schon ihrer Lederjacken und Stiefel beraubt. Plötzlich waren diese Jungen dort in den Trümmern ihrer Maschine keine Feinde mehr.

Wir fanden abgesprungene Piloten im Wald und verrieten sie nicht an die Polizei.

Und schon lange kannten wir französische Gefangene, die bei Bauern im Dorf arbeiteten. Es waren freundliche und hilfsbereite Leute, die uns das Rollschuhlaufen beigebracht hatten. Oder die gefangenen britischen Offiziere, die in Gruppen „auf Ehrenwort" alleine spazieren gehen konnten, vornehme Herren mit guten Manieren, die nicht mit uns sprechen durften. Und das Gerede über die Juden. Es erschien uns übertrieben, und auch ein bisschen dumm, was da so alles abgelassen wurde. Zweifel. Die toten, verwundeten und vermissten Väter, das ständige Beschwören des „Endsiegs". Wahrnehmungen, die wir tief in uns verwahrten, und die diesen glänzenden „Führer" immer mehr in Frage stellten, ohne dass wir das artikulieren konnten.

„Schulfrei"

Immer häufiger fiel der Unterricht aus. In den Städten waren die Schulen zerstört, viele der als „nicht wehrfähig" verbliebenen Lehrerinnen und Lehrer tot oder verletzt. Ein Teil von uns war inzwischen von der Volksschule auf das Gymnasium übergewechselt. Aber angesichts der allgemeinen Lage blieb das weitgehend ohne Bedeutung. Es änderte sich, außer bei den Lehrern, die jetzt nicht mehr Mosiger, Bauer oder Schmitt hießen, sondern Zirpe, Griese oder Lammbaum, nichts. Im Spätsommer musste trotzdem die Ernte eingebracht werden, damit die Versorgung einigermaßen gesichert war. Fehlende Düngemittel führten gerade in den beiden letzten Kriegsjahren vielerorts zu Missernten. Schädlinge, vor allem Kartoffelkäfer, hatten sich ausgebreitet und konnten nicht bekämpft werden.

Ein deutscher Kleinempfänger

Amerikanische und britische Flugzeuge warfen Stanniolstreifen ab, um die deutsche Radarabwehr zu stören, und Flugblätter, auf denen wir aufgefordert wurden, zu kapitulieren.

Wer ein solches Flugblatt mit nach Hause nahm und etwa auch noch weitergab, konnte mit dem Tode bestraft werden. Das galt auch für die, die die „Feindsender" hörten. Und das waren BBC London und Radio Moskau. Da wurde über die Niederlagen der Deutschen berichtet, über Verluste und Rückzüge. Und in all dem Chaos sammelten wir immer noch Altmetall für die Rüstungsindustrie, klauten alles, was brauchbar war, lasen Kartoffelkäfer von den Blättern, holten Reisigholz in Bündeln aus den Wäldern und taten unseren „Dienst" im Jungvolk. Und „Heil Hitler" riefen wir auch noch bei jeder sich bietenden Gelegenheit!

Das Ende

Die letzten Kriegsjahre vergingen in einem bedrückenden Alltag. Viele lebten mit dem verbliebenen Rest ihrer Familien in Kellerlöchern und Trümmerhöhlen ohne Wasser, Heizung und Strom, waren verletzt oder krank, konnten nicht versorgt werden. Andere waren „ausgebombt" und mit Müttern, Geschwistern und Großeltern auf das Land evakuiert worden. Entweder mussten Verwandte zusammenrücken, um uns aufzunehmen, oder die Behörden beschlagnahmten Räume in anderer Leute Wohnungen und Häusern, um uns notdürftig unterzubringen. Der Krieg beherrschte immer noch und nahezu total das ganze Leben. Immer wieder rollten Militärkolonnen durch die Straßen, mal in dieser, mal in jener Richtung, gingen Soldaten mit leeren Gesichtern an uns vorbei, abgerissen und müde. Trupps mit

Besiegt! Und gerettet!

gefangenen Russen, Engländern, Amerikanern und Zwangsarbeitern wurden vorbeigetrieben, Nazifunktionäre und andere „Blockwarte“ brüllten die Leute und uns an. Überall hektische Wichtigtuerei, weil jeder wusste, dass es zu Ende ging. Und niemand sprach darüber, was danach kommen würde. Und immer noch schrien einige herum, der „Endsieg“ sei nahe. Nahe waren stattdessen im Westen die Truppen der Alliierten und im Osten die Rote Armee.

Weiße Fahnen der Ergebung

Alte Kinder

Wir waren alt geworden. Hungrig und ausgezehrt sahen wir den amerikanischen und russischen Panzern entgegen, als sie in unsere Stadt oder unser Dorf einfuhren, empfangen mit weißen Tüchern und Betttüchern aus den Fenstern der Häuser als Zeichen dafür, dass wir uns ergaben. Die einen erlebten diese Augenblicke voller Angst, andere fühlten sich befreit und erlöst. Aber immer noch liefen viele von uns in langen Trecks Richtung Westen, schon wochenlang auf der Flucht vor der Roten Armee, die sie dennoch einholte. Unsere Kleider bestanden aus umgenähten Altkleidern, unsere Schuhe waren voller Löcher. Und viele von uns hatten den Tod gesehen. Die Väter waren irgendwo. Viele lebten nicht mehr, viele waren vermisst. Keine Nachrichten, kein Brief, kein Telegramm! Wir lebten nur für den Augenblick, hofften, dass uns die Feinde, die nun vor unserer Haustür standen, nichts antaten. Und nach den vielen Berichten über Vergewaltigungen bewachten wir unsere Mütter und älteren Schwestern so gut es ging. Und als Mädchen blieben wir im Haus, versteckten uns irgendwo. Doch im Ernstfall waren wir machtlos, wenn etwa eine ganze Horde sowjetischer Soldaten über die Frauen herfiel. Auch das mussten nicht wenige von uns noch erleben und miterleben und schließlich wegstecken, denn es gab keine Chance, diese Erlebnisse zu verarbeiten. Der Kampf ums Überleben nahm uns den Atem.

Kaugummi und Schokolade

Wenn das die Leute von Glenn Miller sind, kann es wohl nicht so schlimm werden, mögen einige gedacht haben. Und tatsächlich gab es Kaugummi und Schokolade – von einem Schwarzen, dem ersten, den wir je sahen. „Ein deutscher Junge nimmt vom Feind nichts an", sagten wir stolz mit hohlen und hungrigen Augen.

Wir nahmen bald alles, auch den Kaugummi, den wir zu kauen lernten ohne ihn hinunterzuschlucken. Wir nahmen auch den Nescafé an, das Milchpulver, die Dosen mit Cornedbeef und das Kakaopulver, und natürlich weitere Lieferungen von Schokolade. Bald hörten wir auch aus den Grammophonen, die die Soldaten in ihren Pickups dabeihatten, Glenn Miller, Benny Goodman und viele andere. Das war's! Amerika!

Und es beschlich uns ein Gefühl des Verrats, als wir bei den „Amis" unsere Jungvolk-Uniformen mit allem Gold und Silber gegen Schokolade und Nescafé tauschten, womit wir uns und unsere hungrige Familie ernähren oder die wir wiederum als Tauschmittel gegen Brot, Brennmaterial oder ein Stück Schinken, die Reparatur einer Uhr oder eines Fahrrades gebrauchen konnten.

Wir kriegen Kaugummi

Frieden

Frieden hieß für uns, dass wir nicht mehr beschossen wurden und uns auf Straßen und Feldern aufhalten konnten, ohne ständig in Deckung gehen zu müssen. Und wir konnten ohne Furcht BBC London hören, um zu erfahren, wohin der Frieden im Lande bereits gelangt war, wo die Deutschen noch kämpften, wo sie auf dem Rückzug waren, und welche Nazigröße gefangen genommen

Das blieb als „Wohnung"
nach den Zerstörungen

worden war. Und Glenn Miller hören! Unsere Mütter wollten das nicht hören. Alle warteten ungeduldig auf die Väter, damit sie unsere Erziehung und die Geschicke des Hofes wieder in die Hand nehmen konnten. Mutter hatte alles alleine machen müssen, nur Großvater hatte geholfen, so gut es ihm möglich war. Und wir.

Wir hausten in Trümmern, meist in einigermaßen erhaltenen und frei geschaufelten Kellern. Oft teilten wir mit mehreren Personen einen Raum, anfangs ohne Wasser und Strom und vor allem ohne Holz und Kohle zum Heizen. Mit einem Vorhang aus einer dicken Wolldecke am Eingang. Und jeden Morgen, wenn wir ihn zurückschlugen und die Sonnenstrahlen in die dunklen Räume fielen, freuten wir uns, dass wenigstens wir überlebt und die Bombenangriffe aufgehört hatten.

Gestalten im Chaos

Es herrschte „Ausgangssperre". Wer von den Patrouillen der Besatzungstruppen auf der Straße erwischt wurde, musste zuerst einmal in den Jeep steigen und saß dann eine Weile auf der Kommandantur herum, bis er ermahnt und meist schnell wieder freigelassen wurde.

Trotzdem liefen viele Gestalten durch die notdürftig von Trümmern freigeräumten Straßen. Väter, die nach Hause kamen und ihre Familien suchten, ausgezehrte Soldaten mit zerrissenen Uniformen, wilde Gesellen aller Art, die raubten, was sie gerade den ohnehin mittellosen Leuten wegnehmen konnten. Alte Frauen, die weinten und Namen riefen, saßen auf Steinen, andere, jüngere, waren auf der Suche nach etwas zum Essen. Auch Kinder, wie wir. Der warme und lange Sommer des Jahres 1945 half vielen von uns, die Verhältnisse einigermaßen zu ertragen.

Keine Zeit mehr für „Heil Hitler"

Nach dem langen Sommer begann im Herbst die Schule wieder. Eines der ersten Zeichen von Normalisierung. Fräulein Mosiger war wieder da, und auch der alte Herr Wittke. Oder die Lehrer im Gymnasium. Der Herr Rektor Schmitt war aus dem Krieg noch nicht zurückgekehrt. Diese Klasse war noch vollständig. Anderswo fehlten viele. Sie hatten die Bombenangriffe nicht überlebt, waren den Tieffliegern zum Opfer gefallen oder woanders hingezogen. Auch Neue waren dazugekommen. Die Ausgebombten, die noch nicht in ihre Stadt zurückkehren konnten, Flüchtlinge aus dem Osten, die es noch vor Kriegsende geschafft hatten, im Westen das Dorf oder die Kleinstadt ihrer Verwandten zu erreichen. Hungrig und zunehmend frierend, in Pullover und Mäntel gehüllt, später sogar mit Handschuhen, saßen wir in den alten Schulbänken mit den immer noch verdreckten Tintenfässern und den eingeritzten Namen und geheimnisvollen Zeichen, die wir schon seit März oder April nicht mehr gesehen hatten. Oft saßen wir in anderen Gebäuden, weil unsere Schulen zerstört waren. Es gab so wenig Platz, dass vielerorts der Unterricht in Schichten stattfinden musste. Das alles sorgte für Unruhe, und wir hatten das Gefühl, als sei der eigentliche Unterrichtsstoff gar nicht wichtig, sondern eher die Tatsache, dass wir überhaupt wieder zur Schule gingen.

Irgendwann ging es dann los: „Wo waren wir stehen geblieben?" Vor fünf oder sechs Monaten! Es gab noch keine neuen Lesebücher! Und die alten, mit dem vielen „deutsch" drin, durften wir nicht mehr mitbringen. Irgendwie begriffen wir sofort, warum!

Schreiben ohne Heizung im Winter 1945/1946

Beim Schmuggeln von einem Rotarmisten erwischt

Leerer Magen

Die Versorgung war nach wie vor miserabel. Das, was uns die Amis gelegentlich schenkten – wer in der britischen, französischen oder gar sowjetischen Besatzungszone lebte, bekam auf diese Weise gar nichts – reichte nicht aus, uns zu ernähren. Wir brauchten einfach mehr. Und so klauten wir in den Küchen der Amis einiges dazu, wobei mancher GI dabei wegsah. Wir klauten auf Feldern, Apfelbaumplantagen und in Wäldern Kartoffeln, Getreideähren, Früchte und Holz. Wir waren ja noch nicht aus der Übung! Aus Runkelrüben wurde Kaffee gebrannt, Kartoffeln wurden mit dem Öl der zuvor gesammelten Bucheckern gebraten. Überhaupt Kartoffeln: Sie mussten vielerorts das Brot ersetzen. Für Kartoffeln arbeiteten Mutter und wir Zwölfjährigen und die älteren Geschwister wieder bei den Bauern auf den Feldern mit. Eine schwere Arbeit, besonders für die Mütter. In den Großstädten waren inzwischen die letzten freien Grünflächen, wie Verkehrsinseln, Straßenränder und Parkflächen mit Kartoffeln, Zwiebeln und Kräutern bepflanzt, von den Behörden streng eingeteilt und bewacht. Überall waren Menschen unterwegs, um Lebensmittel zu ergattern, vor allem nach wie vor durch Hamstern. Und es fehlten Brennstoffe – Holz und Kohle. Überall, wo ein Lastwagen oder gar ein Eisenbahnwaggon mit Kohle auftauchte, kamen die Menschen mit Säcken und Körben, um zu betteln oder auch in vielen Fällen einfach zu rauben. Die geringen zugeteilten Mengen Kohle wurden vor die Haustür gekippt und mussten sofort in die Keller geschafft werden, damit sie nicht innerhalb weniger Minuten gestohlen wurden. Wir stahlen und wurden bestohlen! Opa pflanzte Tabak an, trocknete die Blätter auf dem Speicher, zerkleinerte sie und packte sie in kleine Säcke. Für Tabak bekam man etwas Butter, Milch oder ein paar Eier beim Bauern. Und außerdem rauchte Opa selber. Mit Zeitungspapier und Tabak Marke Eigenbau gedrehte Zigaretten, angezündet mit einem selbst gebastelten elektrischen Benzinfeuerzeug: Einer auf ein Brettchen montierten kleinen Metallplatte mit einem gezackten Ritz in der Mitte, die an die Steckdose angeschlossen und mit einer Art Pinsel, der in einem kleinen Behälter – oft Patronenhülsen – in Benzin getränkt und dem erhitzten Ritz entlanggezogen angezündet wurde. Es gab nämlich weder Streichhölzer noch Feuerzeuge!

Vom Dunkel ins Helle

1947–1951

Mutters Fahrrad – sehr begehrt

Mobilität

Schon seit einiger Zeit konnten wir mit Vaters oder Mutters Fahrrad umgehen. Es war schon tausend Mal geflickt und repariert worden, indem man z.B. über die zerfetzten Stellen der Reifen einigermaßen intakte Teile alter Reifen klemmte. Auf diese Weise mobil, waren wir ständig unterwegs, um einzukaufen und allerlei Besorgungen zu machen. Für Spielereien war das Fahrrad zu wertvoll, es musste geschont werden. Ob wir uns je ein neues würden kaufen können, stand in den Sternen.

Chronik

4. Januar 1947
Die erste Ausgabe des Magazins DER SPIEGEL erscheint in Hamburg.

14. Oktober 1947
Das Düsenflugzeug XS-1 durchbricht erstmals die Schallmauer.

3. April 1948
Für den Wiederaufbau Europas unterzeichnet US-Präsident Truman den Marshall-Plan.

21. Juni 1948
In Westdeutschland tritt die Währungsreform in Kraft. Als offizielles Zahlungsmittel gilt die D-Mark.

24. Juni 1948
Von den Sowjets werden die Zufahrtswege nach Berlin blockiert, die Berliner Blockade beginnt. Die Bevölkerung wird von Amerikanern und Briten über eine Luftbrücke versorgt.

4. April 1949
Die USA, Kanada und zehn europäische Länder gründen die NATO.

23. Mai 1949
Die Bundesrepublik Deutschland wird gegründet.

12. September 1949
Theodor Heuss wird erster Bundespräsident der Bundesrepublik Deutschland.

15. September 1949
Konrad Adenauer wird erster Bundeskanzler.

11. Juni 1950
Der NWDR testet den Fernsehbetrieb.

18. Januar 1951
Der Film „Die Sünderin“ mit Hildegard Knef führt wegen einer kurzen Nacktszene zum öffentlichen Skandal.

18. April 1951
Die Europäische Gemeinschaft für Kohle und Stahl, die Montanunion, wird in Paris gegründet.

Juli/August 1951
Auf der Loreley findet das erste Europäische Jugendtreffen statt.

Die Schatten des Krieges

Wir spielten wieder, holten eher unbewusst nach, worauf wir die ganzen Jahre hatten verzichten müssen. Der kleine See, der Fluss oder der Dorfplatz wurden nunmehr die zentralen Treffpunkte. Im Sommer bevölkerten wir die „Badeanstalt“, auch die an den Bächen und Flüssen. Und im Winter spielten wir Eishockey. Es machte einfach Spaß. Wir hatten unsere Fahrräder mit viel Phantasie fahrbereit gemacht und gehalten, um Ausflüge zu unternehmen, interessierten uns für Autos, vor allem für die „Amischlitten“ Cadillac, Buick und Chevrolet, so, wie noch vor kurzem für Flugzeuge. Mit unseren Metallbaukästen konstruierten wir Autolenkungen und komplizierte Geräte. Unsere Puppenküchen wurden „modernisiert“. Als Mädchen konnten wir uns nun ungefährdet mit unseren Freundinnen treffen, basteln, stricken und über Jungen reden. Überhaupt waren wir als Mädchen viel mehr an das Haus gebunden und in den Haushalt eingebunden als Jungen. Vor allem mussten wir lernen, brav zu sein und nicht das zu tun, was „Mädchen nicht tun“. Zum Beispiel sich wie Jungen zu benehmen, typisch männliche Bedürfnisse und Wünsche zu haben oder gar zu äußern. Und überhaupt, was sich die Jungen alles so herausnahmen, durften wir noch lange nicht.

Und wir Jungen blieben natürlich bei unseren Spielen nicht zu Hause. Der von Deutschen stehen gelassene Panzer

Immer noch Kohle klauen – und zwar rasch!

hinter der alten Scheune musste inspiziert und sogar ein Stück gefahren werden, bis er gegen eine Mauer prallte. Anderswo fanden wir bombenähnliche Teile, die wir untersuchten. Vielen brachte diese Neugierde schwere Verletzungen oder gar den Tod.

Oder in einem bereits am letzten Kriegstag von der Bevölkerung ausgeraubten Versorgungszug für Soldaten musste noch einmal eine „Nachuntersuchung" stattfinden, die noch einige Kisten Gewehre und Munition, eine Vielzahl uns bisher unbekannter Werkzeuge und einige Laibe trockenes Kommissbrot zu Tage förderte. Alles äußerst brauchbare Dinge. Geübt im Ausrauben, folgte auf das Spiel insofern der Ernst, als wir unsere Fähigkeiten dazu einsetzen mussten, weiterhin vor allem Kohle zu klauen. Das hieß, mit Kohle beladene Züge abzupassen, zu erklettern und so schnell zu erleichtern, dass die begleitenden Bahnbeamten uns nicht erwischten. Dabei wussten wir, dass sie nicht bewaffnet waren, und deutsche Soldaten gab es auch nicht mehr. Den Besatzungssoldaten war es völlig wurst, wie wir unsere Versorgung organisierten. Übrigens galten solche Raubzüge auch Fahrzeugen aller Art, die mit Kartoffeln beladen waren. Jeder raffte, was er nach Hause tragen konnte und kam manchmal sogar für einen zweiten Coup zum Tatort zurück. Übrigens waren für solche „Feldzüge" Mädchen nun wirklich nicht zu gebrauchen! Obwohl die wenigen, die doch dabei waren, in ihren Schürzen gelegentlich mehr und Sinnvolleres nach Hause trugen als wir Jungen!

Außerdem: Wenn es galt, einen zufällig entdeckten Militärlastwagen mit Brot auszurauben, waren unsere Mütter äußerst geschickt und durchsetzungsfähig.

CARE-Pakete und Schulspeisung

Die katastrophale Versorgung wurde durch den Flüchtlingsstrom aus dem Osten enorm verschärft. In der Klasse kamen täglich Neue aus Schlesien, dem Sudetenland und aus der Tschechoslowakei an. In Hessen z. B. gab es 1947 auf die Lebensmittelkarte pro Kopf nur noch 100 g Fleisch und 37,5 g Fett!

Die Briten führten im März 1946 in ihrer Zone eine Schulspeisung aus Armeebeständen ein. Und die amerikanische Militäradministration sorgte ab April 1947 im Rahmen des „Hoover-Plans“ dafür, dass wenigstens Kinder und Jugendliche täglich eine zusätzliche Schulspeisung erhielten. Und so warteten wir auf die große Pause. Dann gab es reichlich warmes Essen. Diese Schulspeisung gab es bis zum Ende der vierziger Jahre. Mit den unterschiedlichsten Behältnissen trabten wir morgens zur Schule und stellten sie in der ersten Stunde unter die Tischplatte in das Fach der Schulbank.

Gleichzeitig wurden unsere Familien durch CARE-Pakete versorgt. Sie kamen überwiegend aus den USA, Kanada und Irland und wurden durch die örtlichen Behörden nach dem jeweiligen Bedarf der Familien verteilt. Wer Glück hatte, bekam solche Pakete von Verwandten aus Amerika. Aber der Inhalt dieser Pakete wurde selten von den Empfängern so verbraucht, wie er aus dem Paket ausgepackt wurde. Vielmehr dienten viele Sachen wieder dem Tausch für andere, dringender benötigte Dinge. Eine bunte Baseballkappe konnte man nicht essen, aber sie war einen halben Schinken wert.

Auf die Schulspeisung freuten sich auch die Lehrer

Das war der Inhalt eines CARE-Paketes

Irgendwann passierte es: das Erinnerungsfoto

Das meiste landete allerdings auf dem Schwarzmarkt, der regelrecht boomte. Und auf dem Schwarzmarkt wurden Horrorpreise verlangt – und auch gezahlt. Denn auch andere Waren für den täglichen Gebrauch, außer Lebensmittel, etwa warme Kleider und Schuhe waren nicht mehr zu bekommen. Und selbstverständlich gingen das Hamstern und Klauen weiter.

In all die Trümmer und die Not hinein sang plötzlich Rudi Schuricke: „Wenn bei Capri die rote Sonne im Meer versinkt …" Niemand wusste, wo Capri lag, nur, dass es weit weg war, dort, wo die Sonne im Meer versinkt. Das Meer! Und unsere Gedanken und Sehnsüchte hatten nunmehr ein Ziel. Aber Glenn Miller fanden wir trotzdem besser!

Nürnberger Prozesse

In den drei ersten Jahren nach dem Krieg wurden fast täglich neue Gräueltaten der Nazis aufgedeckt und nach den Hauptangeklagten in den Nürnberger Prozessen immer mehr Verantwortliche festgenommen. Drei Ärzte der Hadamarer Heil- und Pflegeanstalt, die zu den führenden Euthanasieeinrichtungen gehörte, wurden bereits 1945 wegen ihrer besonders brutalen Verbrechen von einem US-Militärgericht verurteilt und hingerichtet. Ebenso im Jahr 1947 deren leitender Direktor. Anderswo wurden KZ-Kommandanten aufgegriffen, die sich in Zivilkleidung beim Einmarsch der Alliierten auf- und davongemacht und versteckt gehalten hatten.

Die ersten Bücher mit Fotos aus der Sowjetunion, Polen und aus der Tschechoslowakei, aus den KZ, von Todesmärschen und den Praktiken der Gestapo lagen in den Auslagen, wurden kostenlos verteilt. Und sie trieben uns das blanke Entsetzen ins Gesicht.

Handel und Schmuggel

Ansonsten waren wir mit Handel und Schmuggel beschäftigt. Vor allem waren wir – zusammen mit unseren Müttern – im Schwarzhandel tätig: Import-Export. Schwarzhandel hieß: Es gab alles. Woher das Zeug kam, war egal. Nur waren die Preise so horrend, dass nicht selten alles Bargeld in Reichsmark dabei draufging. Aber die Reichsmark war kaum noch etwas wert. Trotzdem war sie das einzige verfügbare Zahlungsmittel außer Tauschwaren.

In Frankfurt am Main galten im August 1947 folgende Schwarzmarktpreise für Lebensmittel: Ein Pfund Kaffee kostete 360 RM, ein Pfund Butter 250 RM, ein Ei 10 RM und 20 amerikanische Zigaretten 150 RM. Und die Zigaretten wiederum waren hervorragende Tauschmittel gegen alles, was sonst noch fehlte. Kleider, Schuhe, dringend benötigte Baumaterialien, um z. B. ein Dach zu flicken. Und sie waren Schmuggelware. So schmuggelten einige von uns Zigaretten von amerikanischen in die noch ärmere französische Zone. Dort bekam man irgendwo für Zigaretten einen Fahrradschlauch.

Schwarzmarkt und Schmuggel waren natürlich verboten. In den Städten erfolgten täglich Razzien auf den Plätzen und in den Ecken zwischen den Trümmern.

Der Schwarzmarkt boomte

Man tauschte alles, was man entbehren konnte, gegen alles, was man brauchte

An den Grenzen hatten die Grenzsoldaten schnell heraus, warum immer dieselben Jungen mit den ausgebeulten Hosen aus dem Zug stiegen oder zu Fuß daherkamen. So wurden Schmuggelpfade gefunden, entlang der Flüsse, durch Schluchten und Wälder und hinter hohen Getreidefeldern.

Wer eine Lehrstelle fand, hatte großes Glück

Lehrstelle und Bildung

Wer einen Handwerker oder eine Familie mit einem Geschäft in der Verwandtschaft hatte, konnte glücklich sein, vorausgesetzt, der Meister war gesund aus dem Krieg heimgekehrt oder das Geschäft stand noch. Ansonsten gab es kaum Aussichten, eine Lehrstelle zu finden. In den Städten waren nahezu alle großen und kleinen Ausbildungsbetriebe zerstört, die Handwerksmeister und Gesellen waren im Krieg gefallen, wurden vermisst oder befanden sich noch in Kriegsgefangenschaft. Das Gleiche galt für die Situation auf dem Land. So blieben zunächst viele von uns ohne Ausbildung, obwohl wir im Jahr zuvor mit vierzehn die Volksschule verlassen hatten.

Im Gymnasium lief der Unterricht inzwischen einigermaßen normal ab. In der Oberprima hatten es die Lehrer am schwersten. Dort saßen ältere Schüler, die in den letzten Kriegstagen noch an die Fronten geschickt worden waren. Einige von ihnen waren verwundet worden, andere aggressiv und aufmüpfig, hatten von Gehorsam die Nase voll, ließen sich von den alten Lehrern nichts mehr sagen. Im Gymnasium lernten wir nichts über Ursachen und Wirkung dessen, was wir zwischen 1939 und 1945 gerade erlebt hatten. Wir lernten etwas über die griechische Mythologie und Goethe. Den „Führer" hatte keiner gekannt, nicht einmal die Lehrer konnten sich an ihn erinnern. Sie trugen auch keine Parteiabzeichen mehr, hatten aber immer noch das drauf, was sie auch als gute Nazis draufhatten: Befehlen und Gehorsam erwarten.

's gibt Geld

Am 21. Juni 1948 sagten die Leute, jetzt würde alles anders – und besser. Und das stimmte. Es war der Tag der Währungsreform. Jede und jeder erhielt auf der Behörde vierzig D-Mark! Und plötzlich waren noch am selben Tag die Schaufenster voller begehrter Waren zu Preisen nach der neuen Währung. So, als hätte es vorher nie Mangel und Not gegeben. Die vierzig Mark waren schnell weg, weil damit endlich einmal so viel eingekauft werden konnte, dass wir uns satt essen konnten. Blieb das durch die Schwarzmarktpreise stark reduzierte Ersparte, das auch noch abgewertet wurde. Ein amerikanischer Politiker hatte uns Deutsche ermahnt: Wir sollten daran denken, dass das neue Geld knapp sein werde und durch harte Arbeit verdient werden müsse. Aber Vater war noch gar nicht aus dem Krieg zurück oder er konnte keine Arbeit finden. So gingen zunächst einmal die Hamsterei und teilweise sogar der Tauschhandel weiter. Was nützten uns die Waren in den Schaufenstern, wenn wir kein Geld hatten, sie zu kaufen?

Es gab am Anfang noch keine Münzen, deshalb bestanden 5 und 10 Pfennige noch aus Papiergeld

Fremde Väter

In den letzten beiden Kriegsjahren hatten die Väter immer seltener „Heimaturlaub“ von der Front bekommen. Und so waren sie uns durch ihre lange Abwesenheit fremd geworden. Wir mussten uns ihnen erst wieder annähern. Allmählich und behutsam. Und dasselbe galt auch umgekehrt. Viele Väter waren schweigsam, misstrauisch und voller Angst. Aber auch aggressiv, unduldsam und herrisch. Die oftmals entsetzlichen Kriegserlebnisse hatten sie verändert. In unserer Erinnerung lebte noch ein anderer Vater, der mit dem, der nun wieder mitten unter uns lebte, nicht mehr viel gemein hatte.

Aber auch die Mütter, die glücklich und euphorisch ihre Männer begrüßt hatten, mussten die Erfahrung machen, dass nun der „Herr im Hause“ wieder da war. Und das hieß, allmählich bestimmte wieder der Vater, wo's langging.

Und die Mutter, die sechs Jahre lang unter großen Mühen und Lasten, aber mit Entschlossenheit und letzter Kraft die Familie versorgt hatte, alles getan hatte, damit sie und die Kinder überleben konnten, wurde wieder in ihre Rolle als gefügige Hausfrau zurückgedrängt. Und wir, die wir Mutter geholfen hatten in den schweren Jahren, wurden plötzlich wieder zu Sechsjährigen, die nichts zu sagen und zu gehorchen hatten. Wir erlebten diese schwierige Phase in der Familie schmerzlich mit – und konnten nichts dagegen tun. Oft dauerte es Jahre, bis sich das Verhältnis zum Vater wieder normalisierte.

Die Männer waren nicht nur äußerlich verwundet

Ein Heimkehrer liest die Suchanzeigen der Mütter

Heimkehr

Bis auf die Väter, die noch in sowjetischer Gefangenschaft saßen, die meisten von ihnen hatten in Stalingrad gekämpft, waren viele in den letzten beiden Jahren nach Hause zurückgekehrt. Nicht selten befanden sie sich in einem jammervollen Zustand. Sie waren die Straßen heraufgekommen. Zu Fuß, mit schweren Schritten. Frauen liefen ihnen entgegen, fragten, ob sie ihre Männer gesehen hätten, zeigten Fotos. Oft gaben sie den armen Kerlen etwas zu essen und zu trinken, luden sie ein, sich auszuruhen. Aber meistens wollten die Männer schnell weiter. Sie waren schon Tage unterwegs und wollten noch heute zu Hause sein. Im nächsten oder übernächsten Dorf.

In der Jugendarbeit begann ein neues Leben …

Organisierte Jugend

Wieder ließen wir uns organisieren. Dieses Mal allerdings in demokratischen Jugendorganisationen der Kirchen, der Pfadfinder, der Gewerkschaften und den traditionellen Arbeiterjugendverbänden, wie etwa „Die Falken". Sie alle knüpften an die Traditionen der bündischen Jugendbewegung zum Beginn des zwanzigsten Jahrhunderts an. Und wir stellten fest, dass auch die Nazis diese Traditionen übernommen hatten: Wandern, Zeltlager, Lagerfeuer, Singen und Sport. Selbst wenn es in den meisten dieser Gruppen noch durchaus autoritär zuging, so bildeten sie für uns doch wichtige Räume außerhalb von Familie und Schule, in denen wir uns orientieren und weiterentwickeln konnten. Im Zentrum stand – ganz im Gegensatz zur Schule – die Auseinandersetzung mit dem Nationalsozialismus und dessen Folgen und mehr und mehr mit der Teilung Deutschlands. Das erste Europäische Jugendtreffen auf der Loreley 1951 führte erstmals Jugendliche aus allen europäischen Ländern zusammen. Für uns ein großes Erlebnis, aber auch die bittere Erfahrung, dass ausländische Jugendliche uns mit Misstrauen begegneten, und wir es schwer hatten, zu erklären, warum wir Mitglieder des „Jungvolks" gewesen waren, und dass wir an den Gräueltaten unserer Väter- und Müttergeneration nicht beteiligt gewesen waren.

… aber immer noch getrennt nach Jungen und Mädchen

Ins Kino. Wohin sonst?

Sperrsitz kostete 90 Pfennig, Parkett 70 und Stehplatz an den Seitenwänden 50. Für einen „Rasiersitz", ganz vorne vor der Leinwand, auf dem man nur mit zurückgelehntem Kopf etwas sehen konnte, brauchte man nur 30 Pfennig zu zahlen. Dazu, von jedem mitzubringen, ein Scheit Brennholz und ein Brikett. Der Kinobesitzer nahm das Brennmaterial persönlich in Empfang, nachdem er vorher auch persönlich die Karten verkauft und dann am Eingang abgerissen hatte. Ein Helfer transportierte Holz und Kohlen zum Ofen vorne vor der Leinwand und begann zu heizen. Richtig warm wurde es erst, wenn der jeweilige Film bald zu Ende war. Bis dahin saßen wir mit Mänteln, Schals und Handschuhen in den Reihen und scharrten mit den kalten Füßen.

„Münchhausen", der erste deutsche Buntfilm, wurde gespielt. Eine Sensation im deutschen Kino! Hans Albers, den natürlich alle kannten, ritt als Baron von Münchhausen auf der Kanonenkugel, und durch Landschaft und Wüste raste ein Läufer, als hätte er einen 125-Kubikmotor zwischen den Beinen. Etwa ein Jahr später saßen wir in der „Feuerzangenbowle" mit Heinz Rühmann. Das war so recht nach unserem Geschmack, denn auch in unserer Schule, ob Volksschule oder Penne, gab es diese Lehrertypen. Und so manchen Streich auch. Was wir erst Jahrzehnte später erfuhren war, dass nahezu all die Jungen, die die Mitschüler Pfeiffers gespielt hatten, kurz nach den Dreharbeiten an der Front gefallen waren. Aber sie leben weiter auf der Leinwand und im Fernsehen, und sie haben heute noch richtige Fanclubs.

„Was morgen geschah", so hieß einer der ersten amerikanischen Filme, in denen wir erstaunt feststellten, dass in Amerika die Männer alle Anzug mit Hut trugen.

„Feuerzangenbowle"

„Casablanca"

Dann kamen die Wildwestfilme, heute Western genannt. Und wir saßen in jeder Vorstellung, meistens im Rasiersitz. Denn wir hatten für die Woche nur höchstens eine Mark Taschengeld. Dann sahen wir „Zorro", einen amerikanischen Film aus den Dreißigern, und „Casablanca" mit dem faszinierenden Humphrey Bogart und der schönen Ingrid Bergman. Wir wurden zu Kinoexperten, vor allem für Ami-Filme, während unsere Eltern in die „kulturell wertvollen" Heimatfilme gingen. Angeblich wegen der schönen Alpenlandschaften, in Wirklichkeit aber wegen Willy Birgel, Willy Fritsch, Hans Albers, Marika Rökk, Zarah Leander und später wegen Rudolf Prack. Natürlich saßen auch wir manchmal, ja oft genug dabei. Denn was uns gefiel, waren die schönen Hotels in Österreich, der Schweiz und am Lago Maggiore. Und die neuen Autos, mit denen die Gäste an- und abreisten. Und wir wollten auch dorthin!

Karneval

Im Westen lebten wir in drei Besatzungszonen, der amerikanischen, der britischen und der französischen. Und so sangen wir 1948 zur Fastnacht: „Wir sind die Eingeborenen von Trizonesien, heidi-tschiwella-tschiwella-tschiwella-tschiwella-bumm". Und 1949 ertönte: „Wer soll das bezahlen, wer hat so viel Geld …?" Es war die Zeit hoher Arbeitslosigkeit, gestiegener Preise und geringen Einkommens. Wir nahmen's immer, wie's kam, hatten trotz mieser Lage immer noch genügend Humor, um über die Runden zu kommen. Die Maskeraden waren durch Krieg und Zerstörung erheblich heruntergekommen. Und so trugen wir außer der Cowboykluft aus Säcken genähte Dominomasken mit Kapuzen, ziemlich zusammengestoppelte Phantasiekostüme, teilweise auch umfunktionierte Naziuniformen und alle möglichen lustigen Gewänder. Und dann hatten wir im Kino „Zorro" kennen gelernt. Und so gab es viele „Zorros". Schwarze Hose, schwarzes Hemd, schwarze Maske und, von Mutter „platt" gemachter und eventuell schwarz gefärbter Hut von Vater. Dazu einen aus einem Haselnussstock selbst geschnitzten Degen, rotes Tuch um den Bauch, und fertig war die Fechterei. Die ersten Karnevalsumzüge liefen an, mit unzähligen maskierten, kostümierten und ausgelassenen Narren, provisorischen Aufbauten auf den Pferdewagen und wenig Farbe. Aber vielen kritischen Ideen zur Lage der Nation!

Die Fassenacht war nicht untergegangen

„Kann denn Liebe Sünde sein?"

Nun waren wir in die Jahre gekommen. Einige hatten ihre Lehre beendet, waren Handwerkergesellen. Mädchen hatten eine Stelle in einer der Fabriken und verdienten sich ihre Aussteuer – oder waren ohne Berufsausbildung geblieben.

Vorsichtig gehen wir auf Tuchfühlung

Jetzt kann die Liebe kommen

Andere saßen noch in Gymnasien und Fachschulen. Wir waren siebzehn, achtzehn, aber noch nicht volljährig. Das wurden wir erst mit einundzwanzig. Und erst dann durfte man überhaupt ans Heiraten denken, wobei vorher noch mindestens ein Jahr Verlobung abzuleisten war. Aber unsere Sehnsüchte nach dem anderen Geschlecht waren schon älter. Und ausprobiert hatten wir auch schon das Wichtigste. Nur war das alles verboten. Alle Welt ging davon aus, dass wir mit der Ausübung unserer Sexualität warteten bis zur Ehe. Alles andere vorher war Sünde. Also sprach man am besten gar nicht erst darüber. Aufgeklärt hatten wir uns weitgehend selber. Eltern, Lehrer und Pfarrer reagierten auf dringende Fragen mit dem Hinweis: „So was fragt man nicht!"

Wir rollen in die neue Zeit …

Einige von uns hatten von ihren Eltern nach der Währungsreform schon ein neues Fahrrad bekommen. Es gab ja wieder alles, auch Schläuche und Mäntel. Bei den meisten reichte das Geld nur für Letztere. Und damit flickten wir die alten Räder, die den Krieg überstanden hatten. Vielleicht noch ein neuer Gepäckträger, eine neue Klingel und ein Ersatzschutzblech vorne und ein neuer Dynamo waren drin. Das musste reichen für die großen Fahrten, die wir uns nun vornahmen.

Alleine und in Gruppen strampelten wir wieder, aber dieses Mal nicht in die Strampelhosen, sondern mit den Pedalen unserer „Fahrzeuge". Der Rhein war für viele das erste große Ziel. Er kam aus der Schweiz und floss in Holland ins große Meer. Und so saßen wir am Ufer des Rheins bei Bacharach, über uns die Jugendherberge Burg Stahleck, und sahen den Lastkähnen nach, die unsere Sehnsüchte in für uns damals ferne Länder mitnahmen. Manchmal nahmen sie uns auch wirklich mit. Auf den Decks, wo wir unsere Fahrräder ablegen und gelegentlich bei Arbeiten mit Hand anlegen konnten. Unser Radius wurde immer größer. Längst hatten wir die Sehnsuchtsländer erreicht. In langen Kolonnen zu Beginn der Ferien von Norden nach Süden und umgekehrt. Wir schliefen in Dreimannzelten, die noch zur übrig gebliebenen Masse der Kriegsproduktion gehörten, in Jugendherbergen, Scheunen und unter freiem Himmel. Es war uns egal. Für vier Wochen mussten 80 Mark reichen, mühsam erarbeitetes und erspartes Geld. Eine Übernachtung in einer Jugendherberge kostete 40 Pfennig, ein Teller warme Suppe 20. Beim Bauern ebenso viel. Für ein Zweipfundbrot mussten 60 Pfennig bezahlt werden und ein Liter Milch kostete 30 Pfennig.

Neidisch blickten wir den Motorrädern und Autos nach, wenn wir stundenlang die Schwarzwaldberge hochschieben mussten und uns vorstellten, dass die Motorrad- und Autofahrer nur ein wenig die Hand oder den Fuß zu bewegen brauchten und so mit Leichtigkeit den Berg hochfahren konnten. Und Genugtuung empfanden wir, wenn nach einigen Kilometern vor allem die kleinen Autos, etwa die Lloyds, heiß gelaufen und mächtig aus dem Motorraum dampfend, am Straßenrand standen und die Fahrer nun uns neidisch nachblickten. Alle waren überladen.

Noch ohne eigenen Motor rollten wir an, und wie! Das Auto gehörte uns – und die ganze Welt!

Vor allem auf den Motorrädern mit Seitenwagen saßen ganze Familien, und die kleinen Lloyds und DKWs platzten beinahe aus den Nähten. Dazu noch die brüchigen und mit Schlaglöchern übersäten Straßenbeläge. Aber auch das war den Leuten egal. Hauptsache weg von hier, möglichst nah an Capri ran, wo die rote Sonne im Meer versinken sollte.

So erkundeten wir Europa, lernten andere Menschen, andere Sprachen und andere Speisen kennen. Wir lernten, uns selbst zu organisieren, mit der eigenen und der ausländischen Währung umzugehen. Und wir lernten, dass man im Ausland als Geld bringender Tourist gerne empfangen, aber auch gleichzeitig mit Misstrauen aufgenommen wurde. Zu frisch waren noch die Erinnerungen der Völker an das, was „die Deutschen" angerichtet hatten. Und es mag einige von uns bedrückt haben, selbst, zumindest durch ihr früheres Denken und Fühlen, ein Stück Verantwortung dafür mit sich zu tragen. Zumindest empfanden nicht wenige eine tiefe Scham.

… und behalten unsere Erinnerungen und Träume

Ganz wichtige Träume waren uralt. Wir trugen sie in uns, und sie waren nicht selten gebunden an frühe Erlebnisse und solche, die wir im Laufe der Jahre hatten machen können. Die Autofahrt mit Onkel Fritzens Opel P4, irgendwann noch vor dem Krieg. Ein paar Kilometer Autobahn Richtung Köln. Das lange grau-blaue Band der breiten Straße führte den langen Berg hinauf und verschwand im dunkelgrünen Wald. Und dahinter musste Köln liegen. Und wir stellten uns diese große Stadt vor, von der Großvater immer so tolle Geschichten erzählt hatte. Oder die Eisenbahnschienen, die in einer Kurve in die Schlucht hineinführten und weiter, immer weiter irgendwo hin zur fernen Tante im Ruhrgebiet. Ohne dass es uns bewusst war, wollten wir woanders hin, wo es schöner war als zu Hause. Und trotzdem erinnern wir uns an die herrlichen Stunden in der Familie, an den bunten Garten, den wir liebten, wenn wir darin spielen und Stachelbeeren essen durften, und hassten, wenn wir ein Beet umgraben oder Erbsen pflücken mussten. Der alte Kirschbaum fällt uns ein, auf den wir kletterten, um uns den Bauch mit Süßkirschen vollzuschlagen, bis wir zu platzen glaubten. Wir sehen die unendliche Straße, auf der wir in der Mittagshitze irgendwohin gingen und der aufgeweichte Teer so gut roch.

Der Leierkastenmann begleitete uns ein ganzes Leben

Beim Anblick einer Brücke kehren Szenen ins Gedächtnis zurück. Wir sehen, wie in den ersten Nachkriegstagen Menschen in Scharen über den zugefrorenen Fluss liefen, um auf der anderen Seite zu hamstern oder Verwandte zu besuchen, weil die Brücke zerstört war. Gesichter tauchen auf, die uns begegnet sind. Flüchtig zwar, aber einprägsam, wie das der Lehrerin Fräulein Mosiger, das des toten kanadischen Fliegers, das des alten Mannes, der den Leierkasten drehte. Oder die stolze Pose von Onkel Alfred auf seinem Motorrad, das er während des Krieges vor der Beschlagnahmung gerettet hatte. Es fallen uns schreckliche, unmenschliche Geschichten ein, aber auch solche voller Menschlichkeit und Wärme.

Über unsere ersten achtzehn Jahre gibt es unzählige Berichte in Büchern, Artikeln, Filmen und Fotos. Die von Nationalsozialismus, Krieg und Nachkriegssituation geprägte Zeit hat uns alle gemeinsam berührt. Aber die Erlebnisse und Erfahrungen der Einzelnen haben unendlich viele und auch unterschiedliche Facetten und damit auch unterschiedliche Sichtweisen.

So möge die Leserin oder der Leser bei der Lektüre dieses Buches manches durch ihre bzw. seine eigenen Erinnerungen ergänzen.